科技创新人才成长与竞赛指导丛书

社会调查的秘密

全国创新发明金牌教练
全国十佳科技辅导员
中学物理特级教师

崔 伟　方松飞 ／编著

东南大学出版社
SOUTHEAST UNIVERSITY PRESS

图书在版编目(CIP)数据

社会调查的秘密 / 崔伟,方松飞编著. — 南京：东南大学出版社,2018.11
(科技创新人才成长与竞赛指导丛书 / 崔伟等主编)
ISBN 978-7-5641-8061-4

Ⅰ.①社… Ⅱ.①崔… ②方… Ⅲ.①社会调查-青少年读物 Ⅳ.①C915-49

中国版本图书馆 CIP 数据核字(2018)第 254803 号

社会调查的秘密

出版发行	东南大学出版社
出 版 人	江建中
社　　址	南京市四牌楼2号
邮　　编	210096
网　　址	http://www.seupress.com
经　　销	全国各地新华书店
印　　刷	江苏凤凰扬州鑫华印刷有限公司
开　　本	787 mm×1092 mm　1/16
印　　张	10.5
字　　数	310 千字
版　　次	2018 年 11 月第 1 版
印　　次	2018 年 11 月第 1 次印刷
书　　号	ISBN 978-7-5641-8061-4
定　　价	54.80 元

* 本社图书若有印装质量问题,请直接与营销部联系,电话：025-83791830

丛书编委会

主　任： 崔　伟（特级教师）　滕玉英（特级教师）
策　划： 方红霞（特级教师）　方松飞（特级教师）
成　员：（以姓氏笔画为序）

王丽华　王　君　王　俊　王洪安　卢生茂
冯文俊　匡成萍　杨　帆　刘桂珍　沈晶晶
陆建忠　陆海均　陈　蓉　范芳玺　姜栋强
徐万顺　徐光永　程久康　蔡文海　缪启忠

主要作者简介

崔伟 特级教师

东南大学工学硕士,现任扬州中学教育集团树人学校党委副书记、副校长,扬州市初中物理特级教师,扬州大学硕士研究生导师,全国十佳科技辅导员,江苏省优秀青少年科技教育校长,扬州市青少年科技创新崔伟名师工作室总领衔。他是全国优秀教科研成果一等奖、江苏省基础教育教学成果二等奖获得者。主持江苏省教育科学规划重点课题2项,主持教育部规划课题子课题、国家自然科学基金委员会课题子课题各1项。发表论文25篇,其中11篇论文在北大版的核心期刊上发表或被人大复印资料中心《中学物理教与学》全文转载。

方松飞 特级教师

苏州大学物理系毕业,现任扬州中学教育集团树人学校教育督导,负责树人少科院工作。他是江苏省物理特级教师,全国教育科研先进个人,全国创新发明金牌教练,全国十佳科技教师,江苏省中小学教材审查委员会初中物理专家组成员。著有《构建课堂教学大磁场》《怎样使你早日成才》等教育专著3部,主编《新概念物理初中培优读本》《资源与学案》等教学辅导用书24种,有40多篇论文在《物理教学》等期刊上发表。

序言

让人才脱颖而出

当今世界，各国综合国力的竞争说到底是科技实力和创新人才的竞争，人才是创新驱动的核心要素。面对中国经济发展新常态，国务院于2016年印发了《国家创新驱动发展战略纲要》和《"十三五"国家科技创新规划》。纲要指出：创新是引领发展的第一动力，创新驱动是国家命运所系、世界大势所趋、发展形势所迫。落实纲要的关键是加快建设科技创新领军人才和高技能人才队伍。以学校教育而言，只有实施创新教育，才能立足于科技创新人才的早期培养，才能与国家创新驱动发展战略做到无缝对接。其核心是为了迎接信息时代的挑战，着重研究与解决在基础教育领域如何培养学生的创新意识、创新精神和创新能力的问题。

扬州中学教育集团树人学校正是在这样的背景下，于2009年创办了树人少科院，并以此为载体，对科技创新人才的早期培养进行了实践性探索：主持了扬州市规划课题"中学生科学素养和人文素养培养的研究"、教育部子课题"中学生创造力及其培养的研究"、江苏省重点课题"基于科技创新人才早期培养模式的实践研究"、国家自然科学基金子课题"教学环境对中学生创造力的影响研究"和江苏省"十三五"重点课题"中学生物理核心素养模型构建的校本化研究"。前3个课题已成功结题，其研究成果分别获扬州市"十二五"教育科研成果一等奖、江苏省基础教育教学成果二等奖和江苏省第四届教育科研成果三等奖。"青少年科技创新人才培养模式的创新探索"于2015年在北京师范大学举办的首届中国教育创新成果公益博览会上展示，后在北京大学举办的第十一届全国创新名校大会上交流，并获中国教育创新成果金奖。研究专著《让创新人才从树人少科院腾飞》于2016年获扬州市第二届基础教育教学成果一等奖，已入选扬州市首批教育文集并由广陵书社正式出版。还有《让创新人才在翻转课堂中脱颖而出》《科技创新人才培养策略的前瞻性研究》《科技创新人才早期培养的实践探索》《校本教研中的创新人才培养策略研究》等30多篇课题研究论文在期刊上发表。

I

　　其中19篇论文在北大版核心期刊《中学物理教学参考》《教学与管理》《教学月刊》《物理教师》上发表或被人大复印资料《中学物理教与学》全文转载。

　　科技创新人才的早期培养也结出了丰硕的成果,从2009年创办树人少科院至今,已有2 000多学生在扬州市以上的各级各类组织的科技创新竞赛中获奖。其中有48人获全国的发明类金、银、铜奖,328人获全国一、二、三等奖,502人获江苏省一、二、三等奖。在上述的金奖或一等奖的得主中,有2人荣获用邓小平稿费做奖金的中国青少年科技创新奖;2人因科技创新成果显著而当选为全国少代会代表,出席全国的少先队代表大会,分别受到胡锦涛和习近平总书记的亲切接见。3人获江苏省人民政府青少年科技创新培源奖,4人成为全国十佳小院士,11人被评为江苏省青少年科技创新标兵,15人获扬州市青少年科技创新市长奖,78人被评为中国少年科学院小院士,106项学生发明获国家专利证书。

　　为了将上述研究成果面向社会推广,让科技爱好者和中学生分享其中的成果,我们以曾获扬州市优秀校本课程奖的"走进科技乐园"为基础,编写了"科技创新人才成长与竞赛指导"丛书。

　　本丛书以树人少科院和东洲少科院部分学生的成长为案例,以读本的方式呈现,含《发明创造的秘密》《学生成才的秘密》《思维方法的秘密》《实验探究的秘密》《社会调查的秘密》《科技实践的秘密》六册。本丛书虽为中学生撰写,但也同样适用于小学生、大学生。衷心感谢树人学校党委书记、校长陆建军对树人少科院的倾心培育以及对本丛书编写工作的支持与鼓励。

　　愿你在丛书的陪伴下茁壮成长,在成才之路上脱颖而出。

导读

  本书为你搭建一个社会调查的平台,该平台与你日常生活中接触的人与事密切相关,希望它能帮助你早日踏上社会并为之做出贡献。

  第一章社会现象。本章从社会现象与自然现象的不同之处说起,社会现象受到人的主观能动性因素的影响,所以人对社会现象的认知比起自然现象来要复杂得多,于是就有不同的观感,就会有不同的评价。本章给你展示的"国庆长假、休闲公园、精准扶贫、中国天眼、大国工匠、强国崛起"这6种社会现象,都是当今社会正能量的案例。社会现象是你融入社会、履行社会责任、进行社会调查的第一手资料。

  第二章调查方法。本章从调查体系的方法论、基本方式和具体方法这3个层次入手,为你顺利走进调查世界当好开路先锋,也为你后续高层次的调查探究做好技术上的准备。本章给你展示的"文献调查、实地调查、访谈调查、问卷调查"这4种最基本的调查方法,是对上述3个层次要求的具体化:涉及的立场、观点、角度、原则等问题属于方法论的范畴;涉及的程序、步骤和操作等属于基本方式范畴;涉及的各具体阶段、各具体环节使用的具体技术手段和实用科学方法等属于具体方法的范畴,它只在社会调查过程中的某一特定阶段、特定环节、特定方面甚至特定环境条件下才起作用。

  第三章成果展示。本章则是从青少年科技创新大赛和中国少年科学院"小院士"课题研究成果展示与答辩活动入手,让你从树人少科院学生的8个社会调查研究成果中,具体地感悟他们是如何利用第二章的调查方法,在各级各类的创新大赛或成果答辩中展示风采而获奖的。

  在本书的编写过程中,方红霞、滕玉英等老师为撰写提供了一线资料,编委会的部分教师也提供了有效资料与修改意见,在此特表感谢!

  本书的撰写还在探索和尝试之中,不当之处,敬请指教斧正,谢谢。

Contents 目录

序言　让人才脱颖而出 ··· Ⅰ
　导读 ··· Ⅲ

第一章　社会现象 ·· 1
　第一节　国庆长假 ··· 2
　第二节　休闲公园 ··· 8
　第三节　精准扶贫 ·· 15
　第四节　中国天眼 ·· 21
　第五节　大国工匠 ·· 27
　第六节　强国崛起 ·· 35

第二章　调查方法 ··· 46
　第一节　文献调查 ·· 47
　第二节　实地调查 ·· 58

| 第三节 | 访谈调查 | 70 |
| 第四节 | 问卷调查 | 81 |

第三章　成果展示　95

成果一　扬州瘦西湖与杭州西湖的比较研究　96

成果二　关于隋炀帝墓的调查研究报告　104

成果三　扬州古巷文化的调查与研究　112

成果四　扬州经典建筑及其建筑材料的调查研究　122

成果五　扬州空气质量状况的调查研究　127

成果六　扬州文化古迹资源的保护与内存价值发掘的研究　134

成果七　扬州鸟类变化与生态环境关系的调查思考　140

成果八　高邮双黄蛋的社会调查

　　　　——"天上红太阳，人间鸭双黄"　150

自评记录表　155

第一章 社会现象

根据《现代汉语词典》,现象指事物在发展、变化中所表现的外部的形态和联系。按照是否有自然属性来分,现象可分为自然现象和社会现象。自然现象是不为人的意志转移的现象,如月亮东升西落、刮风下雨、太阳是圆的、狗长四条腿、人长两只手等都是自然现象。社会现象则是以人的意志为转移的现象,如战争、犯罪、贫富分化、通货膨胀等都是社会现象。现象也可以按照时间来分,可分为历史现象和当前现象、未来现象。现象还可以按是否对社会发展有利来分,可分为积极现象、消极现象以及意料之外的不确定现象,如2016年6月24日英国举行"脱欧"全民公投,最后的结果竟然是脱出欧盟,如图1-0-1所示。这一历史性事件带来的第一波冲击是:全球金融市场动荡不安,避险资金开始出逃,短时间里涌现出很多相互矛盾的金融现象。更让人不可思议的是,2016年11月9日,特朗普成了美国总统。在此之前谁都不会相信他会当选。英国的脱欧与特朗普的当选,无不说明社会现象的复杂性和不确定性。

图 1-0-1

作为中学生的你,如何根据学生发展核心素养框架对社会参与、责任担当的要求,在处理与社会、国家、国际等方面的关系时正确把握好自己的情感态度、价值取向和行为方式?这就得从社会责任、国家认同、国际理解等要点上去思考。

本章将对你应该知道的一些社会现象进行解密。希望你通过对本章内容的解读,在提高自己的社会责任感、国家认同感、国际理解感的基础上,顺利进入下一章的社会调查研究,到时你就会站得更高,看得更远,创新成果也就更丰硕,相信你行!

第一节 国庆长假

小故事

昆明游客

2017年10月6日下午,笔者来到扬州三湾湿地公园,在城市书房偶遇了来自昆明的一家三口。他们是在看到"城市书房"的醒目招牌后来到这里准备休息的。闲聊中,那位爸爸很是健谈,讲起"新四大发明"来有点眉飞色舞。他说这次国庆八天长假,就是靠了"新四大发明",吃喝玩乐都很轻松。

他们乘坐9月30日10点37分的高铁从昆明出发,路上只用了12个小时,当天晚上11点就到了网上预订的上海的宾馆。之后通过网络购票订房、支付宝扫码付款,一路上都用不上现金,游玩了苏州、无锡、常州、镇江4个城市的主要景区。接着他们来到扬州,入住扬州东关街的七夕客栈,骑着扬州的共享单车欣赏了东关街夜景,一直骑到了万福大桥。其女儿用手机拍摄了万福大桥的照片,在灯光的点缀下,实在太漂亮了(如图1-1-1所示)。

图1-1-1

他的夫人接着说:"今天我们也是骑共享单车,并借助手机导航,沿着个园、瘦西湖、大明寺等景点,一路来到了现在的三湾公园。我们接下来还要赶乘动车到南京游玩两天,见识一下南京的人工智能。8号晚19点30分乘飞机回昆明。"

他们对这次国庆长假旅游非常满意,靠了"新四大发明",8天时间游玩了7个城市的主要景点,留下了美好的记忆。

第一章 社会现象

点金石

"新四大发明"

曾几何时,从上海坐火车到昆明需要 40 多个小时,而现在的沪昆高铁全线长 2 252 公里,只需不到 11 小时,相比从前节省了大约 30 个小时,这就是高铁的力量。曾几何时,各种假期前要买火车票都得去火车站花很久的时间排好长的队,就连找个合适的宾馆住下也不是那么容易。可现在呢?坐在家里点击手机,短短的几分钟内就搞定了,这就是网购与支付宝的神奇。尤其在旅游景点,有时候遇到堵车真是急死人,可现在有了共享单车,既不用担心堵车,还能观赏沿途风景,昆明游客当然就美滋滋的,这才有了上述的对话。

据国家旅游局数据中心综合测算,2017 年国庆 8 天长假期间,全国共接待国内游客 7.05 亿人次,实现国内旅游收入 5 836 亿元,按可比口径前 7 天比 2016 年同比分别增长了 11.9% 和 13.9%。而这些成绩的取得,都离不开"新四大发明"——高铁、支付宝、共享单车和网购的功劳。

为什么有"新四大发明"之说?那得从北京外国语大学丝绸之路研究院发起的一项留学生民间调查说起。来自"一带一路"沿线国家的 20 名青年评选出了他们心目中的中国的"新四大发明":高铁、支付宝、共享单车和网购。他们的理由是:出门不用带钱包,就带手机;外卖、快递非常快;高铁很棒、更加舒适,还可以在旅途中用网络处理事情,让旅途更加充实;共享单车简直就是"神器"。

1. 中国高铁

2017 年国庆是"复兴号"动车组列车提速后的第一个长假,京沪高铁率先实现时速 350 公里的运营,从北京到上海不到 4 个半小时,因全列提供免费 Wi-Fi 而成了"网红",游客拍照片发朋友圈也成了标配,如图 1-1-2 所示。为适应中国地域广阔、温度横跨正负 40℃、长距离、高强度等运行需求,"复兴号"进行了 60 万公里运行考核——比欧洲标准还多了 20 万公里,最终,整车性能指标实现较大提升,它的设计寿命达到了 30 年(而"和谐号"是 20 年)。在此优势的基础上,

图 1-1-2

它还具有下列特点。

（1）**身材更好**：采用全新低阻力流线型车头和车体平顺化设计，列车看起来线条更优雅，跑起来也更节能。"和谐号"的动车组车顶有个"鼓包"，"复兴号"把这个"鼓包"下沉到了车顶下的风道系统中，使列车更美观。

（2）**容量更大**：旅客登车后发现空间更大，列车高度从3 700毫米增高到了4 050毫米，座位间距更宽敞。虽然断面增加，空间增大，按时速350公里试验运行，列车运行阻力、人均百公里能耗和车内噪声明显下降。

（3）**舒适度更高**：空调系统充分考虑减小车外压力波的影响，通过隧道或交会时减小耳部不适感；列车设有多种照明控制模式，可根据旅客需求提供不同的光线环境。车厢内实现了Wi-Fi网络全覆盖。

（4）**安全性更高**：设置了智能化感知系统，建立了强大的安全监测系统，全车部署了2 500余项监测点，比以往监测点最多的车型还多出约500个，能够对走行部状态、轴承温度、冷却系统温度、制动系统状态、客室环境进行全方位实时监测；可以采集各种车辆状态信息1 500余项，为全方位、多维度故障诊断、维修提供支持。列车出现异常时，可自动报警或预警，并能根据安全策略自动采取限速或停车措施。在车头部和车厢连接处，还增设碰撞吸能装置，在低速运行中出现意外碰撞时，可通过装置变形，提高动车组被动防护能力。

2. 支付宝

支付宝网络技术有限公司是由阿里巴巴集团CEO马云在2004年12月创立的第三方支付平台，致力于提供简单、安全、快速的支付解决方案，如图1-1-3所示。

图1-1-3

（1）**主要业务**：支付宝主要提供支付及理财服务，包括网购担保交易、网络支付、转账、信用卡还款、手机充值、水电煤缴费、个人理财等多个领域。支付宝在进入移动支付领域后，为零售百货、电影院线和出租车等多个行业提供服务，还推出了余额宝等理财服务。

（2）**扩大功能**：2015年12月，支付宝上线了人脸登录功能，用户可以用"刷脸"取代账号密码来登录支付宝。2016年11月15日，支付宝宣布与10家卫视合作，开启电视红包节。2017年5月，世界级中国互联网品牌榜单发布，支付宝排名第一。

3. 共享单车

共享单车是指企业在校园、公交地铁站点、居民区、商业区等地提供的自行车共享服务,如图1-1-4所示。

(1) **共享经济**:它采用的是一种分时租赁模式,这是一种新型共享经济。其实质是一种交通工具租赁业务,其主要依靠载体为自行车。它看到了在城市快速经济发展下自行车出行的萎靡状况,最大化地利用了公共道路通过率,同时起到锻炼身体的作用。

图1-1-4

(2) **突然火爆**:2016年年底,国内共享单车突然就火爆了起来。在街头,仿佛一夜之间,共享单车已经到了"泛滥"的地步,各大城市路边排满各种颜色的共享单车。共享单车已经越来越多地引起人们的注意,由于其符合低碳出行理念,政府对这一新鲜事物也处于善意的观察期。

(3) **加强管理**:2017年5月7日,在上海召开共享单车专业委员会成立大会,中国自行车协会共享单车专业委员会成立。2017年8月3日,交通运输部等十部门联合发布了《关于鼓励和规范互联网租赁自行车发展的指导意见》。新政明确了规范停车点和推广电子围栏,提出共享单车平台要提升线上线下服务能力。

4. 网购

网购就是通过互联网检索商品信息,并通过电子订购单发出购物请求,然后填上私人支票账号或信用卡的号码,厂商通过邮购的方式发货,或是通过快递公司送货上门(如图1-1-5所示)。

(1) **购买前**:① 利用网购导航进行网购;② 选择网店一定要与卖家交流、多问;③ 购买商品时,付款人与收款人的资料都要填写准确,以免收发货出现错误;④ 用银行卡付款时,最好卡里不要有太多的金额,防止被不诚信的卖家划拨过多的款项;⑤ 遇上欺诈或其他受侵犯的事情可在网上找网络警察处理。

图1-1-5

(2) **购买中**:① 一看:仔细看商品图片,分辨是商业照片还是店主自己拍的实物照片,而且还要注意图片上的水印和店铺名是否一致——因为很多店家会盗用其他人制作的图片。② 二问:询问店主产品相关问题,一是了解他对产品的了解程度,二是看他的态度,人品不好的话购买要慎重。③ 三查:查店主的信用记录。看其他买家对此款或相关产品的评价。如果有中差评,要仔细看店主对该评价的解释。

信息窗

人工智能

　　人工智能是研究、开发用于模拟、延伸和扩展人的智能的理论、方法、技术及应用系统的一门新的技术科学。从1956年正式提出人工智能学科算起,50多年来,人工智能取得了长足的发展,成为一门广泛的交叉和前沿科学。总而言之,人工智能的目的就是让计算机这台机器能够像人一样思考。其基本内容如图1-1-6所示。

图1-1-6　　　　　　　　　　图1-1-7

　　当计算机出现后,人类开始真正有了一个有望可以模拟人类思维的工具,在以后的岁月中,无数科学家为这个目标努力着。人工智能不是人的智能,但它能像人那样思考,也可能超过人的智能。人工智能是一个机器,机器和我们最大的不同就是它精力无限。2016年3月15日,机器人AlphaGo击败了当时人类最聪明的棋手李世石,如图1-1-7所示。更为可怕的是,AlphaGo有很强的学习能力,基本没套路可循。欧洲围棋冠军樊麾曾对腾讯科技表示,面对机器人,就像面对一堵墙,所有感觉全部都被打了回来,机器却没有心态的波动。所以,有人说人工智能就是中国那个最伟大的虚拟人物——每个妈妈经常唠叨的那个"人家的孩子":你在学习的时候,他在学习;你在游玩的时候,他在学习;你在休息的时候,他还在学习。这个孩子现在终于被找到了,就是那个机器人AlphaGo。李世石大战AlphaGo的过程中,李世石还赢过一局呢。可是,我们想象一下李世石赢了一局的当天晚上的情景:李世石在接受采访,在吃饭,在睡觉;而AlphaGo在当天晚上,它没有任何情绪,自己和自己下了一百万盘棋。第二天李世石见到它的时候,它已经是另外一个存在了,它与李世石的距离水平已经拉开了,而这也许是李世石通过一生的努力也达不到的。比你还聪明的人还比你勤奋,这就是人工智能。

人工智能是一门极富挑战性的科学，从事这项工作的人必须懂得计算机知识、心理学和哲学。人工智能是包含十分广泛的科学，它由不同的领域组成，如机器学习、计算机视觉等。人工智能研究的一个主要目标是使机器能够胜任一些通常需要人类智能才能完成的复杂工作。但不同的时代、不同的人对这种"复杂工作"的理解是不同的。人工智能的出现，意味着比300年前的工业革命要迅猛上千万倍的智能革命正在开启。

瞭望角

时代特征

2017年的10月是值得被记住的。因为2017年的中秋节与国庆节机缘巧合地并在一起，国庆长假放了8天，创下了全国接待国内游客人次、国内旅游收入新纪录。其背后的原因是中国有了"新四大发明"，能让昆明旅客一家三口在8天内到远离家乡2400多公里的7个城市，轻松愉快地游玩。

"新四大发明"只是我国走进社会主义新时代的一个缩影。这个新时代之所以值得记忆，因为中国人会永远记住：是毛泽东等老一辈革命家的浴血奋斗，使中国人站了起来；是邓小平等第二代领导集体励精图治，使中国人富了起来；而2017年的10月，是以习近平同志为核心的党中央，吹响了建设社会主义伟大强国的进军号，使中国人强了起来。这就是时代的特征！

演练场

小试牛刀

请你结合"国庆长假"的所见、所闻、所想，撰写一篇"我的国庆长假"千字文，让你的父母对其做出"合格、优秀、点赞"的评价。请将评价等级记录在书末的表格中。愿你在认真撰写好每一篇千字文的过程中，研究能力会有质的飞跃。

第二节 休闲公园

小故事

一镇一品

"终于能在家门口的公园锻炼了,主城有宋夹城,我们有春江湖!"家住江都滨江新城的王菊兰带着孙子来到新开放的春江湖体育休闲公园。看着崭新的体育设施、优美的绿化景观,她感叹道:"人人都说同城化,我们和主城区没两样。"春江湖体育休闲公园以春江湖为中心,名称取自唐朝诗人张若虚的名作《春江花月夜》,它将当地文化特色与体育休闲公园融合在一起,结合春江湖整体景观,适当设置了运动健身、儿童娱乐设施等,为周边市民健身休闲提供便利场所。这只是江都区体育休闲公园建设的缩影。如图1-2-1所示。

如果说文昌阁是扬州主城区的中心地标,那么龙川广场就是江都区的中心地标。江都依托环境优美的龙川广场、新通扬运河和引江水利风景区等,成功打造了一个区级的龙川体育休闲公园,将体育活动空间与绿化景观有机地融为一体,进一步提升了龙川广场的健身功能。经过一系列探索,江都区新一轮的体育休闲公园向乡镇延伸,在龙都社区、新都社区、玉带社区等地建设了11个体育休闲公园并相继开放,如图1-2-2所示。

图1-2-1

图1-2-2

江都区还利用沿京杭运河这一地理优势,"复活"了明清运河故道的昔日风景,并融入5个与邵伯有关的名人典故,旨在打造大运河沿线文化旅游建设的亮点。邵伯运河生态公园包含"两轴两带六景",分布在长约400米的两岸。公园从北向南依次为茶花园、荷塘月色、净瓶广场、桃花坞、铁牛湾5个主题片区,分别对应苏东坡、朱自清、佛教、孔尚任、水工等典故和文化。这里的每一个场景,都有一个邵伯故事。

"一镇一品"已经成了江都体育休闲公园建设的特色,也让生动的江都故事有了"诉说"的载体。每一个公园都结合当地的文化特色,将文化名片融入公园建设中,让体育休闲公园真正地"文起来,动起来",如图1-2-3、图1-2-4所示。

江都区已有勇龙生态公园、双沟体育公园、纪西体育休闲广场、邵伯运河生态公园、滨江新城春江湖公园、银河之春滨河公园、馨村体育公园、三友体育公园和运河路体育健身休闲公园等社区公园建成开放。不久的将来,有文化特色、良性运转的体育休闲公园将在江都遍地开花。江都区体育休闲公园城乡一体化建设不断推进,将切实满足人民群众休闲、娱乐、健身等生活需要,着力改善人居生态环境,提升城市环境品质,进一步系统打造城市绿色开放空间,将生态工程与民生工程有机结合。

图1-2-3

图1-2-4

点金石

休闲公园

扬州是一座文化底蕴深厚的城市,出于保护历史文化名城的需要,不以高楼大厦称奇,却以人文景观闻名,如图1-2-5所示。而体育休闲公园成了这座城市的又一亮丽风景,增强了扬州市民和外来游客的获得感和幸福感。江都区"一镇一品"生态体育休闲公园只是智慧扬州的一个缩影。

图1-2-5

扬州的休闲公园建设遵循了"三个舍得"的原则：舍得把最好、最贵的地段拿出来建设社区公园；舍得投入资金配置设施；舍得投入心思规划建设。一个个生态体育公园给扬州带来了重大变化，不仅让城市变得越来越美，而且让越来越多的扬州人"动起来"。扬州东有李宁体育公园、廖家沟城市中央公园，西有扬州体育公园，南有三湾湿地公园、南部体育中心，北有宋夹城体育休闲公园。体育健身公园遍布扬州城东西南北，优越的地理位置、优美的生态环境、多样的健身功能、齐全的配套设施、入微的人性化服务，为广大市民健身、休闲、娱乐提供了一个就近、方便的去处。

1. 宋夹城体育休闲公园

宋夹城体育休闲公园是扬州市城市公园体系建设中的样板公园，也是目前扬州市生态功能最完整、体育设施最齐全、游园人气最高的公园之一，如图1-2-6所示。从宋夹城的南城门上放眼看去，周围呈现的是一片绿树成荫的景象，让人感觉心情十分舒畅。从空中俯瞰，宋夹城体育休闲公园毗邻瘦西湖、文昌商圈，周边居民小区众多，是扬州市最核心、最金贵的地方。整个宋夹城四周湖水环绕，内部绿树成荫。宋夹城体育休闲公园的建成，为周边居民提供了一个休闲锻炼的好去处。宋夹城体育休闲公园等在内的城市公园体系天天有锻炼、周周有活动、月月有比赛，激发了全民健身运动的热情，强健着扬城百姓之筋骨，凝聚着城市发展之力量。

图1-2-6

2. 李宁体育园

李宁体育园是综合性的以惠民健身为目的的大型体育主题公园，坐落于广陵新城域内，如图1-2-7所示。它占地面积265亩，运动场馆建筑面积51 320平方米，由体育运动中心、运动休闲中心、体育文化区及服务配套区组成，涵盖羽毛球、乒乓球、排球、篮球、足球、网球、游泳、壁球、体操等运动项目。场馆均按照专业比赛训练标准设计。园区旨在促进扬州体育运动的普及，推动全民健身事业发展，挖掘培养青少年体育人才，力求通过不断创新与完善，提高体育产业价值，传播优秀体育文化，将为广大市民提供体育培训、体育赛事、体育旅游、体育健康等高质量的体育运动服务。

图1-2-7

3. 廖家沟城市中央公园

当地充分利用廖家沟得天独厚的自然资源,将其打造成了具有世界一流水平的中央公园,为扬州名城建设再添了新地标,如图1-2-8所示。其范围为南至沪陕高速公路、北至新万福路、东至廖家沟东侧约500米范围、西至廖家沟西侧100~200米范围,南北向长度约7.5公里,总面积约10.7平方公里,水域面积约5.8平方公里。每到节假日,就有千余名扬州市民或外来游客来到廖家沟中央公园运动健身休闲,享受这个天然的大氧吧给大家带来的健康红利。

图1-2-8

4. 扬州体育公园

扬州体育公园依自然地形而建,体育馆山峰造型的顶部,蛋白色的玻璃宛如皑皑白雪,夜晚通透的灯光又使其犹如公园的灯塔,在文昌西路上成为视觉的焦点,如图1-2-9所示。主体育馆建筑嵌入地下,冬暖夏凉,节约能源。整个体育公园依山势地形而建,较好地保存了原有的自然生态环境。园内有30 000人主体育场及训练场,有可容纳6 000人的体育馆及训练馆,有游泳跳水馆、综合球类馆、室内田径训练馆,有体育运动学校和中长跑竞走训练基地,还有包括9片网球场、4片篮球场、2片门球场及一条由33件健身器材组成的健身路径的室外全民健身场地。

图1-2-9

5. 三湾湿地公园

三湾湿地公园北接文峰寺、南接高旻寺,以两大古刹为端点,以古运河为轴线,自然切分为东西两大片区,总占地3 300多亩。园区东西两大片区的绿化、美化与湿地核心区形成呼应,绿色生态长廊和"绿肺"的功能充分显现,堆山叠石、亭台轩榭、步道连廊、抱柱楹联的精心点缀,再现了"青山隐隐水迢迢"的古典园林韵味。伴随着两座独具地方特色、富含古城历史文化底蕴的跨古运河大桥——剪影桥和凌波桥的建成,一条3公里环形健身步道完美呈现,步道沿线树

图1-2-10

成林、花成海,城市书房、雕塑小品、运动设施、坐凳标识一一串联,整个三湾公园犹如一颗镶嵌在运河之上的生态明珠,拭去了岁月的尘埃,重新焕发出璀璨夺目的光芒,如图1-2-10所示。

6. 扬州市游泳健身中心

游泳健身中心是扬州目前最大的室内全民健身综合体,位于城市中心最美丽、最珍贵的黄金区域瘦西湖景区里,是精心设计、精细施工,按鲁班奖的标准打造的传世之作,其设计方案荣获全国设计大奖,如图1-2-11所示。它位于瘦西湖路东侧、老虎山路北侧,西临宋夹城,毗邻瘦西湖,南望文昌阁,北靠古

图1-2-11

邗沟,占地面积61.5亩,总建筑面积约4.1万平方米。整个场馆高大敞亮,现代气息十足,景中有馆,馆中有景。它最大的特点就是拥有5个功能各不相同的泳池,可以满足各种人群的需要。泳道众多,面积大,适合所有游泳爱好者。而游泳训练池的水深相对较浅,适合游泳培训或者初学者。游泳健身中心还建有无障碍泳池,它有一个延伸到池底的坡道,游泳者从坡道下水,池边还有扶手,无障碍泳池也叫老人池,适合老年游泳爱好者。

7. 城市口袋公园

城市口袋公园也称袖珍公园,指规模很小的城市开放空间,常呈斑块状散落或隐藏在城市结构中,为当地居民服务。城市中的各种小型绿地、小公园、街心花园、社区小型运动场所等都是身边常见的口袋公园。口袋公园具有选址灵活、面积小、离散性分布的特点,它们能见缝插针地大量出现在城市中,这对于高楼云集的城市而言犹如沙漠中的绿洲,能够在很大程度上改善城市环境,同时部分解决高密度城市中心区人们对公园的需求,如图1-2-12所示。

图1-2-12

扬州公园体系建设大、中、小合理搭配,均衡分布,形成市、区、社区、"口袋"四级层次。公园位置便捷,建在百姓身边,使公园切实成为每个市民日常生活的一部分,仅宋

夹城体育休闲公园每天进园人数就近万人，真正做到了城区居民出小区开车10分钟可到市级公园，骑车10分钟可到区级公园，步行10分钟可到社区公园，如图1－2－13所示。

图1－2－13

如今，在扬州随处走走，处处见绿。在休闲公园建设中，扬州精心筛选了一批适应性好、抗性强、形态美、树龄长且季相特征突出的优良树种，形成推荐树种名录并结合实际推广应用，每年春秋两季在全市掀起植树高潮，近几年累计植树数千万棵。此外，扬州在公园体系的建设上始终遵循"以城为主、城乡联动"的原则，实现城乡一体化发展。一方面，城市休闲公园体是由市级公园、区级公园、社区公园和"口袋"公园构成，大、中、小合理搭配；另一方面，在农民居住较为集中的区域建设农村"五个一"（即一片300平方米的水泥或橡胶平地、一个四向篮球架、一盏太阳能灯、10米长椅或长凳和至少10棵大树的配套绿化）健身广场。"五个一"健身广场作为休闲公园体系建设的配套工程、延伸工程，弥补了城乡体育设施的差距，使村民在家门口也有了"走得进、用得上、生态佳、设施全"的锻炼场所，逐步形成均衡覆盖的城乡休闲公园体系，如图1－2－14所示。

图1－2－14

扬州的休闲公园体系建设，要有"扬州特色""扬州味道"。扬州市在公园体系建设中，注重因地制宜、顺势而为，尊重场地原真性，妥善处理生态保护和开发利用之间的关系，充分运用城市水系、林木、湿地、文化、园林、艺术等资源禀赋，尽可能减少对原地形的改造和原有植被的破坏，尽可能提高绿化率，打造高品位的园林景观。例如，三湾公园以林为根本、以水为主脉、以绿为色调、以土为特色的设计思路，遵循原生态、低干预的开发原则,科学实施了植树造林、湿地恢复、岸线复绿等生态修复工程。以"海绵城市"建设理念,开发建设了湿地水体净化设施、透水路面及雨水收集池等。持续打造城乡公园体系,生态体育公园、健身广场建设不仅提升了城市影响力,而且让越来越多的扬州人"动起来",人均期望寿命等居民主要健康指标均好于全国和全省平均水平。全力建设覆盖城乡、均衡分布、现代生活与园林艺术相融合的生态体育公园。在城市中心区域,建成10个面积1平方公里以上、能代表美丽中国扬州样板和健康中国扬州样本的标志性工程,建成100个社区公园,建成1 000个遍布农村的"五个一"健身广场。

信息窗

体系建设

自2015年9月2日召开全市公园体系建设大会以来,扬州市先后分十批次建成开放了154个各类开放式公园,其中市级公园6个、区级公园12个、社区公园114个、古城区"口袋"公园22个。其中2017年9月20日,就有22个生态体育休闲公园、10个古城区口袋公园和129个农村"五个一"文体活动广场向老百姓集中开放。感兴趣的学生可以自己搜索相关资料,拓展知识。

瞭望角

绿色财富

"造园当随时代,建园当为百姓。"以公共开放空间为主的公园体系建设是扬州城市发展的实践和探索,是实实在在的民生工程,顺应了百姓的生活需求,正在润物细无声地影响着市民健康的生活方式,改变着扬州这座历史文化名城。

市区重点建设5大核心公园、50个社区公园和50个"口袋"公园,"一镇一品"已经成了各县市重点中心镇的体育休闲公园建设的特色。全市各类开放式体育休闲公园总量达到120个,初步形成中央公园、社区公园、"口袋"公园等大中小公园合理匹配的公园体系格局,这也成为党委、政府为市民创造的最直接的健康财富,成为当代人锚固城市形态、重塑城市格局的历史性工程,成为扬州为年轻一代创造的重要成长记忆,留给后代的永久性绿色财富。

演练场

小试牛刀

请你根据自己对"绿色财富"的理解并结合扬州休闲公园的发展,撰写一篇"我的健生感悟"千字文,让你的父母对其做出"合格、优秀、点赞"的评价。

第三节 精准扶贫

小故事

十八洞村

2013年11月3日至5日,习近平总书记来到湖南考察,第一站便是贫困程度最深、扶贫任务最重的湘西土家族苗族自治州花垣县双龙镇十八洞村。他同村干部和村民代表围坐在一起,亲切地拉家常、话发展,首次提出"精准扶贫"的新时期扶贫基本方略。过去由于基础设施差、人均耕地面积少,到2013年,225户中有136户贫困户,40岁以上的"光棍"有30多人,是个典型的贫困村,如图1-3-1所示。

图1-3-1

2017年9月22日,新华社独家推出的"迎接十九大"大型系列网络直播《红色追寻·足迹》的第四站,对十八洞村进行了直播,主播团队体验了苗绣、苗族农家乐,品尝了当地特产猕猴桃，通过多种形式与这个淳朴的深山苗寨进行"亲密接触"。主播和网友们一起感受了十八洞村这个过去因贫穷而出名的小山村近四年来的巨变，如图1-3-2所示。

图1-3-2

从前3.5米宽的盘山小路升级成了6米宽的水泥马路，村内家家门口修了石板路，户户通了自来水，农网和民居改造已全部完成，实现了网络全覆盖。由于到村游客越来越多，加上矿泉水厂、民宿酒店等新项目的建设，再度翻修拓宽了前往梨子寨的主路。近年来，十八洞村依托独特的自然环境，因人施策发展起乡村旅游、特色种植、养殖、苗绣和劳务输出五大支柱产业，到2016年年底，全村人均纯收入增加到8 313元，实现集体经济收入7.5万元。在脱贫攻坚的道路上，十八洞村逐渐探索出精准识别扶贫对象、精准发展支柱产业、精准改善民居环境和精准提供民生保障等"四大精准"，并确定了以乡村游为长期产业、猕猴桃为中期产业以及稻花鱼等其他种植养殖为短期产业的发展模式。为解决土地稀少问题，十八洞村探索出"飞地经济"，在村外流转1 000亩土地，建成高标准猕猴桃基地，引进龙头企业，与全村农民以股份制合作组建十八洞果业有限公司。如今，十八洞村的扶贫经验已辐射湖南各地。湘西各市县在十八洞村精准识别"四个不评"的基础上结合自身情况进行探索升级，全面完成了1 200个贫困村和74.513 4万农村贫困人口的登记识别和建档立卡工作。

点金石

脱贫致富

十八洞村的脱贫致富，可谓是一种具有正能量的社会现象。它给我们展示了两个信息：一是脱贫致富，惠及十八洞村的所有村民，村民就是一个人类共同体。二是精准扶贫，它由习近平总书记首次提出，具有号召力。这两个信息就给出了社会现象的两个基本特征：一是与同物种共同体有关，二是由外界的强制力作用于这个共同体，使其中的个体能够感受到。由此，我们可以给社会现象下这样的定义：社会现象是指所有与同物种共同体有关的活动——产生、存在和发展密切联系的现象。社会现象按照是否对本物种发展有利分为积极社会现象和消极社会现象。研究关注社会现象有利于把握动物发展规律,探讨社会良好发展进程,改变不良习性等问题。显然,十八洞村的脱贫致富属于积极的社会现象。

  既然是个共同体,就得有个领头的,空中飞在最前面的大雁就称为领头雁,草原上奔走在羊群最前面的那只羊就称为领头羊。同样的道理,带领十八洞村的村民共同脱贫致富奔小康的则是只有31岁的党支部书记龚海华。他毕业于中国人民解放军陆军航空兵学院,2011年通过大学生村官考试来到十八洞村,从村支书助理一路做到村支书。当时的十八洞村人均年纯收入仅1 668元,为当年全国农民人均纯收入的18.75%。全村225户939人中,有贫困户136户542人。他认为:十八洞村不光是脱贫,更是要致富。扶贫不仅仅是政府的事,如果老百姓思想不跟上,很快就会返贫。他想出了"星级化管理"的办法:将村民分组,每半年开一次会,村民之间相互打分。评分内容包括支持公益事业、遵纪守法、个人品德、职业道德等,90分以上是五星,80分~90分是四星,以此类推,60分以下是两星。农村老百姓家家户户都相互认识,如果别人家里都挂四星、五星,自己家就挂两星,在亲戚朋友面前会觉得脸上挂不住。那么,两星农户就会想办法表现好,争取下一次开会得到好评,然后慢慢从两星进阶到五星。老百姓没有参与,脱贫了也是失败的,那是狭义的扶贫。十八洞村的脱贫,从思想、物质两方面让老百姓脱贫。(图1-3-3)

  龚海华按照习近平总书记考察十八洞村时做出的"实事求是、因地制宜、分类指导、精准扶贫"的重要指示,制定了《十八洞村精准扶贫贫困户识别工作做法》,确定以种植、养殖、苗绣、劳务、乡村游五大产业为主的脱贫思路。他把贫困农户的贫困资金全部打包,集中投一个产业,搞飞地经济。十八洞村没有土地,他们就到那些有土地的地方发展经济,跳出十八洞村发展经济。于是,就有了十八洞村的猕猴桃产业基地。全村225户农户以政策扶持资金入股十八洞村苗汉子果业公司,发展猕猴桃产业。接着,辣木树种植专业合作社、德农家庭牧场、手拉手种养专业合作社、苗绣制品加工专业合作社相继成立,吸纳了大部分村民。2017年,136户贫困户全部脱贫,入股猕猴桃产业的贫困户人均年纯收入可达5 000元以上。(图1-3-4)

图1-3-3

图1-3-4

信息窗

精准扶贫

30多年的改革开放,使数亿中国人甩掉了贫困的帽子,但中国的扶贫仍然面临艰巨的任务。按照中国扶贫标准,到2014年中国仍有7 000多万人没有脱贫。以前出台一项政策,一批人都能够脱贫致富,现在剩下的都是"硬骨头",减贫难度越来越大。距2020年还有不到6年时间,要确保7 000多万人全部如期脱贫,平均每年要减贫1 200万人,每个月要减贫100万人,任务非常重。

按照政府规定,人均年纯收入2 800元以下的属于贫困人口,我国有14个贫困区、592个贫困县、12.8万个贫困村,这些地区大多交通不便,基础设施和公共服务条件较差。只有精准扶贫,才能确保2020年前全部达到小康水平。

如何推进精准扶贫?习近平总书记以十八洞村的脱贫致富为榜样,开展了实现全面小康和现代化建设的一场攻坚战,如图1-3-5所示。

图1-3-5

1. 精确识别

这是精准扶贫的前提。通过有效、合规的程序,把谁是贫困居民识别出来。总的原则是"县为单位、规模控制、分级负责、精准识别、动态管理";开展到村到户的贫困状况调查和建档立卡工作,包括群众评议、入户调查、公示公告、抽查检验、信息录入等内容。宜宾等一些地方探索的"比选"确定扶贫对象的扶贫"首扶制度",也是一个精确识别的好办法。其具体做法如下:

(1) **填申请表**:根据国家公布的扶贫标准,村民先填申请表。

(2) **进行比选**:由村民小组召开户主会进行比选,再由村"两委"召开村、组干部和村民代表会议进行比选,并张榜公示。

(3) **再次公示**:根据公示意见,再次召开村、社两级干部和村民代表会议进行比选,并再次公示。

(4) **精准确定**:如无异议,根据村内贫困农户指标数量,把收入低但有劳动能力的确定为贫困农户。

总之,不论采取何种方式识别,都要充分发扬基层民主,发动群众参与;透明程序,把识别权交给基层群众,让同村老百姓按他们自己的"标准"识别谁是穷人,以保证贫困户认定的透明公开、相对公平。

2. **精确帮扶**

这是精准扶贫的关键。贫困居民识别出来以后,针对扶贫对象的贫困情况定责任人和帮扶措施,确保帮扶效果。就精确到户到人来说,重点为:

(1) **坚持方针**:精确帮扶要坚持习近平总书记强调的"实事求是,因地制宜,分类指导,精准扶贫"的工作方针,重在从"人""钱"两个方面细化方式,确保帮扶措施和效果落实到户、到人。

(2) **到村到户**:要做到"六个到村到户":基础设施到村到户、产业扶持到村到户、教育培训到村到户、农村危房改造到村到户、扶贫生态移民到村到户,结对帮扶到村到户。真正把资源优势挖掘出来,把扶贫政策含量释放出来。

(3) **因户施策**:通过进村入户,分析掌握致贫原因,逐户落实帮扶责任人、帮扶项目和帮扶资金。按照缺啥补啥的原则宜农则农、宜工则工、宜商则商、宜游则游,实施水、电、路、气、房和环境改善"六到农家"工程,切实改善群众生产生活条件;帮助发展生产,增加收入。

(4) **资金到户**:在产业发展上,可以推行专项财政资金变农户股金的模式,或通过现金、实物、股份合作等方式直补到户;在住房建设上,可以推行农村廉租房的做法;技能培训、创业培训等补助资金可以直补到人;对读中、高职学生的生活补贴,特困家庭子女上大学的资助费用,可通过一卡通等方式直补到受助家庭;异地扶贫搬迁、乡村旅游发展等项目补助资金可以直接向扶贫对象发放。

(5) **干部帮扶**:干部帮扶应采取群众"点菜"、政府"下厨"的方式,从国家扶贫政策和村情、户情出发,帮助贫困户理清发展思路,制定符合发展实际的扶贫规划,明确工作重点和具体措施,并落实严格的责任制,做到不脱贫不脱钩。

3. **精确管理**

这是精准扶贫的保证。

(1) **农户信息管理**:要建立贫困户的信息网络系统,将扶贫对象的基本资料、动态情况录入系统,实施动态管理。对贫困农户实行一户一本台账、一个脱贫计划、一套帮扶措施,确保扶到最需要扶持的群众,扶到群众最需要扶持的地方。年终根据扶贫对象发展实际,对扶贫对象进行调整,使稳定脱贫的村与户及时退出,使应该扶持的扶贫对象及时纳入,从而实现扶贫对象有进有出,扶贫信息真实、可靠、管用。

(2) **阳光操作管理**:按照国家《财政专项扶贫资金管理办法》,对扶贫资金建立完善严格的管理制度,建立扶贫资金信息披露制度以及扶贫对象、扶贫项目公告公示公开制度,将筛选确立扶贫对象的全过程公开,避免暗箱操作导致的"应扶未扶",保证财政专项扶贫资金在阳光下进行;筑牢扶贫资金管理使用的带电"高压线",治理资金"跑冒滴漏"问题。同时,还应引入第三方监督,严格扶贫资金管理,确保扶贫资金用准用足,不致"张冠李戴"。

(3) **扶贫事权管理**:省、市两级政府主要负责扶贫资金和项目监管,扶贫项目审批管理权限原则上下放到县,实行目标、任务、资金和权责"四到县"制度,各级都要按照自身事权推进工作;各部门也应以扶贫攻坚规划和重大扶贫项目为平台,加大资金整合力度,确保精准扶贫,集中解决突出问题。

通过扶贫信息系统的动态管理、数据分析,制定切实可行的帮扶措施,建立扶贫项目库、扶贫专家库,通过实时监控和对讲技术,让贫困户与专家视频通话,随时接受专家指导,使帮扶措施和帮扶项目有效执行,达到预期的目标和结果。

瞭望角

庄严承诺

"精准扶贫"最早提出,是在2013年11月习总书记到湖南湘西考察时提出的"实事求是、因地制宜、分类指导、精准扶贫",2014年1月,中央详细规制了精准扶贫工作模式的顶层设计,推进了精准扶贫思想落地。2015年1月,精准扶贫首个调研地点选择了云南,标志着精准扶贫正式开始实行。2017年10月18日,习总书记又在十九大报告中指出,要动员全党全国全社会力量,坚持精准扶贫、精准脱贫。精准扶贫的核心问题是"扶持谁、怎么扶、谁来扶",目标是脱贫致富,这是最大的一项民生工程,言必信,行必果。2013年至2016年4年间,每年农村贫困人口减少都超过1 000万人,累计脱贫5 564万人。贫困发生率从2012年底的10.2%下降到2016年年底的4.5%,下降5.7个百分点。贫困地区农村居民收入增幅高于全国平均水平,贫困群众生活水平明显提高,贫困地区面貌明显改善。这样的政府才值得老百姓信赖。习总书记的十九大报告也获得国内外媒体高度的评价和点赞,这才是中国老百姓的最大期盼啊!

第一章 社会现象

小试牛刀

请你结合十八洞村脱贫致富现象的产生、存在、发展,撰写一篇"社会现象畅想"千字文,让你的父母对其做出"合格、优秀、点赞"的评价。

第四节 中国天眼

零的突破

中国科学院国家天文台于2017年10月10日宣布,被誉为"中国天眼"的500米口径球面射电望远镜(FAST)经过一年的紧张调试并实现运行后,确认了多颗新发现的脉冲星。这让中国天文学家非常兴奋,因为在此之前,人类已发现的2 500余颗脉冲星都与我们无关。我国的天文望远镜能够首次发现脉冲星,与这个世界上最大单口径、最灵敏的射电望远镜有着直接的关系,如图1-4-1所示。

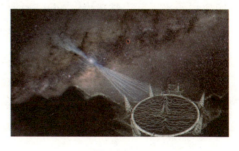

图1-4-1

10月10日发布会上公布了2颗脉冲星的具体信息,编号分别为J1859-0131和J1931-01。前者自转周期为1.83秒,距离地球约1.6万光年;后者自转周期为0.59秒,距离地球约4 100光年。2颗脉冲星分别由FAST于2017年8月22日、25日在南天银道面通过漂移扫描发现。FAST工程副总工程师李菂介绍,FAST调试进展超过预期,并已开始系统地科学产出(如图1-4-2)。目前已经探测到数十个优质脉冲星候选体,其中6颗通过国际认证。未来,FAST有望发现更多守时精准的毫秒脉

21

冲星,对脉冲星计时阵探测引力波做出原创贡献。

搜寻和发现射电脉冲星是 FAST 的核心科学目标。宇宙中有大量脉冲星,但由于其信号暗弱,易被人造电磁干扰淹没,目前只观测到一小部分。具有极高灵敏度的 FAST 是发现脉冲星的理想设备。澳大利亚科学及工业研究院 Parkes 望远镜科学主管乔治·霍布斯在发布会现场表示,FAST 的调试以及逐渐产出成果,是目前国际天文学界非常激动人心的事件,更是实现了中国在该领域的零的突破。

据有关科学家介绍,脉冲星是一种高速自转的中子星,由恒星演化和超新星爆发产生。它的密度极大,每立方厘米重上亿吨,一块方糖大小就相当于地球上一万艘万吨巨轮的重量。脉冲星自转速度很快、自转周期精确,是宇宙中最精准的时钟(图1-4-3)。

图1-4-2

图1-4-3

正因如此,脉冲星会发射一断一续的周期性脉冲信号,就好比转动的灯塔发出忽明忽暗的光。这一特殊"本领"让脉冲星在计时、引力波探测、广义相对论检验等领域具有重要应用。脉冲星具有在地面实验室无法实现的极端物理性质,对其进行研究有望得到许多重大物理学问题的答案。譬如,脉冲星的自转周期极其稳定,准确的时钟信号为引力波探测、航天器导航等重大科学及技术应用提供了理想工具。通过对快速旋转的射电脉冲星进行长期监测,选取一定数目的脉冲星组成计时阵列,就可以探测来自超大质量双黑洞等天体发出的低频引力波。

点金石

天眼之父

就在实现我国脉冲星领域零的突破之际,为 FAST 事业奔波了 23 年的南仁东总工程师,因肺癌突然恶化,抢救无效,于北京时间 2017 年 9 月 15 日 23 时 23 分在美国波士顿逝世,享年72岁。他是我国著名的天文学家、国家重大科技基础设施建设项目——500米口径球面射电望远镜(FAST)工程首席科学家、总工程师,如图1-4-4所示。

在中国科学院公布的2017年中科院院士初步候选人名单中,72岁的南仁东榜上有名,成为此次增选中年龄最大的候选人。而在2017年5月,我国首个全国科技工作者日到来之际,南仁东还获得了"全国创新争先奖"奖章。该奖每3年评选表彰一次,是我国继国家自然科学奖、国家技术发明奖、国家科学技术进步奖之后,由国家批准设立的又一个重要科技奖项。2017年,和南仁东一样名列首批28名奖章获得者榜单的,还有潘建伟、施一公等科学家,如图1-4-5所示。

图1-4-4

图1-4-5

此前的23年时间里,南仁东从壮年走到暮年,把一个朴素的想法变成了国之重器,成就了中国在世界上独一无二的项目。南仁东的名字,与FAST密不可分。洪亮的嗓音,如今变得嘶哑,曾跑遍大山的双腿也不再矫健。72岁的南仁东,把仿佛挥洒不完的精力留给了"中国天眼"——世界最大口径的射电望远镜FAST。某种程度上,他成就了FAST,FAST也成就了他。

1945年出生的南仁东,一生极富传奇色彩。他经历"文革"动乱,从清华大学电子工程系毕业后,在东北的一个无线电厂一干就是十年。改革开放后,他代表中国天文台的专家曾在国外著名大学当过客座教授,做过访问学者,还参加过十国大射电望远镜计划。这位驰骋于国际天文界的科学家,曾得到美国、日本天文界的青睐,却在20世纪90年代中期毅然舍弃高薪,回国就任中国科学院北京天文台副台长。当时他一年的工资,只相当于国外一天的工资。

"南老师20多年只做了这一件事。"南仁东的同事和学生们如此评价。故事要从24年前说起。1993年,日本东京,国际无线电科学联盟大会上,科学家们提出,在全球电波环境继续恶化之前,建造新一代射电望远镜,接收更多来自外太空的信息。南仁东跟同事说:"咱们也建一个吧。"可是,没有多少人看好这个设想(如图1-4-6所示)。

能不能找到合适的地方?施工难度能不能克服?这些都是未知数。

社会调查 的秘密

南仁东带着300多幅卫星遥感图，跋涉在中国西南的大山里。他要寻找当地的窝凼——几百米的山谷被四面的山体围绕，正好挡住外面的电磁波。有的荒山野岭连条小路也没有，当地农民走着都费劲。但访山归来，南仁东心里有了底，正式提出利用喀斯特洼地建设射电望远镜的设想(如图1-4-7所示)。但能不能筹到足够资金，南仁东心里没底。有那么几年时间，南仁东成了一名"推销员"，大会小会、中国外国，逢人就推销自己的大望远镜项目。"我开始拍全世界的马屁，让全世界来支持我们。"他一度这样自嘲。每一步都关乎项目的成败，他的付出有时甚至让学生们觉得太过努力了——连夜要赶项目材料，课题组几个人就挤在他的办公室，逐字逐句推敲，经常干到凌晨(如图1-4-8所示)。

图1-4-6

图1-4-7

图1-4-8

在FAST现场，人们能由衷感受到"宏大"两个字的含义。而在10多年前，这样的图景在南仁东的脑海里已经成型。他要做的，是把脑海里成型的图景化成现实。工程建设过程中要做锁网变形，既要受力，又要变形，在工业界没有什么现成技术可以依赖。国家标准是10万次伸缩，而FAST需要200万次的伸缩，他自己提出的特殊工艺支撑起FAST的外形。不认识南仁东的人，初见面觉得他像个农民——面容沧桑、皮肤黝黑，夏天穿着T恤、大裤衩骑着自行车。但他术业有专攻，在FAST项目里，有人不懂天文，有人不懂力学，有人不懂金属工艺，有人不会画图，有人不懂无线电，但他几乎都懂。2016年9月25日，FAST竣工进入试调试阶段(如图1-4-9所示)。为了建造一个中国的大型射电

图1-4-9

望远镜,南仁东琢磨了大半辈子,奉献了一生智慧,虽然他只愿做奠基石,但是,他的奉献和执着,已经带着一批年轻科学家的梦,带着"中国梦",开始飞向了宇宙。

信息窗

中国天眼

在我国贵州省平塘县克度镇,有一个直径达500米的"望远镜",密切关注着宇宙中的各种信号——2016年9月25日,这口"大锅"才在大山里建设完毕。"大锅"是当地百姓对它的俗称,其实它有一个很学术的名字:500米口径球面射电望远镜,如图1-4-10所示。

图 1-4-10

由于其巨大的外形构造,它也被人们形象地称为"中国天眼"。按照设计,它能够"看"到远在137亿光年外的星体。借助它的特殊能力,科研人员可以接收星际信息,测定黑洞质量,甚至还有望搜寻可能存在的外星文明。

"中国天眼"由中国科学院国家天文台主导建设,是世界上最大单口径、最灵敏的射电望远镜,从1994年提出构想直到2016年建成,总共历时了22年。

从外观上,"中国天眼"由上万根钢索和4 450个反射面组成,外形就像一口巨大的锅。这口"大锅"的直径约500米,接收面积约25万平方米,相当于30个标准足球场的面积。实际上,"锅"就是天线,通过它才能接收到遥远星空的电磁波。这就像家用的"锅盖天线","锅盖"越大,能看的电视台越多,画面也越清晰。

"中国天眼"就是把覆盖30个足球场的信号,通过反射聚焦之后供科学家分析研究。对于全世界的天文学家来说,建造更大口径的望远镜都是一个梦想。在"中国天眼"建成之前,世界上最大的两个天眼分别是德国100米直径的"埃菲尔斯伯格"望远镜和美国 300 米直径的"阿雷西博"望远镜,如图 1-4-11 所示。

埃菲尔斯伯格望远镜

阿雷西博望远镜

图 1-4-11

　　望远镜的口径越大、灵敏度越高,就会看得更远。据悉,人类迄今已发现 2 500 余颗脉冲星,但在"中国天眼"建成以前,中国望远镜从未捕捉到脉冲星。而"中国天眼"经过一年多的试运行之后,中国科学院国家天文台宣布已经探测到数十个优质脉冲星候选体,其中 6 颗通过国际认证。中国天眼的灵敏度极高,不仅能够接收遥远星空发射的微弱电磁波,更重要的是,它还能"拉扯"钢索来调整观测方向,就如同人类转动自己的眼珠。这样,遥远的太空对它来说将不存在方向上的死角。调整观测方向时,中国天眼靠"锅底"的变形来进行——与索网相连的 2 000 多个小电机控制着"锅底"的形状。整个变形过程由激光定位系统来校准。有专家称,未来的 10 年到 20 年,将会是"中国天眼"持续发挥能力的关键时期,在接下来的几年里,我们肯定会持续收到来自宇宙的好消息。

　　"中国天眼"做什么?它是目前世界上最大单口径、最灵敏、顶级的射电望远镜,可用于太空天气预报,服务中国航天项目,探测遥远的"外星文明"。它能收集"天外来客"们发出的信号,说不定哪天就收到来自外星人的"长途电话"。中国天眼有多大?中国天眼望远镜的口径有 500 米,被 50 根 6～50 米高低不等的钢柱撑在半空中,周长约 1.6 公里,在它边上绕一圈约要 40 分钟。"中国天眼"多先进?它不仅可以用来监听太空的宇宙电波,在电力充足的条件下,还能发送电波信号,几亿光年远的外星朋友将有可能收到来自中国的问候。

瞭望角

发展机遇

　　自 2016 年 9 月 25 日进入试运行以来,"中国天眼"已实现指向、跟踪、漂移扫描等多种观测模式的顺利运行。2017年10月10日,中国科学院国家天文台在北京宣布,中国天眼已探测到超过20个优质脉冲星候选体,其中6颗脉冲星通过系统认证。诺贝尔奖得主杨振宁接受记者采访时表示:中国天眼是世界上最先进的特殊设备,将会对世界天文学做出非常大的持续贡献;并特别勉励FAST青年科技骨干,珍惜参与国家大科学装置的工作机会,持之以恒、团结协作,期待FAST早出重大成果。作为首批中国十大科技旅游基地之一,中国天眼景区自开园以来,科普游持续火爆。据旅游部门2017年上半年的初步统计,平塘县接待游客513.63万人次,同比增长43.07%。其中,"中国天眼"景区上半年游客接待量就达374.86万人次。杨振宁说,平塘县要在"中国天眼"带来发展机遇的同时,抓好青少年对天文科普知识的普及教育,激发他们对学习天文科普知识的欲望。作为中学生的你,对此有什么期待?

小试牛刀

请你根据自己对"中国天眼"的认识与向往,撰写一篇"我的太空之梦"千字文,让你的父母对其做出"合格、优秀、点赞"的评价。

第五节　大国工匠

四代传承

中央电视台于2017年10月15日晚8时正,为观众精心奉献了一期"壮丽航程"特别节目,很鼓舞人心。中央电视台以饱满的激情、鲜明的主题、真实的形象、精巧的结构、丰富的内容、创新的样式,表达了全国各族人民"永远跟党走,实现中国梦"的坚定信念,迈向幸福美好伟大复兴目标的壮美情怀,展示了党的十八大以来科学发展成就辉煌的五年征程,讴歌了中国共产党领导下的中国人民团结一心、不屈不挠、勇于进取，创新未来的伟大时代精神。其中的第 4 个节目是"对话大国工匠"，屏幕上这样介绍大国工匠：2016 年，伴随着 5 号长征运载火箭的胜利升空，中国运载火箭里程碑式的更新换代胜利完成。如果把发动机比喻成大火箭的心脏，那么，他就是焊接心脏每一条血管的人。130 多枚长征系列运载火箭，在他焊接的发动机的助推下成功飞向太空，这个数字，占我国发射的长征系列运载火箭总数的一半以上。他就是中国科技航天集团公司第一研究院的大国工匠、中国大火箭发动机焊接第一人高凤林。于是这位被称为焊接火箭"心脏"的人，大国工匠的杰出代表，走上了中央电视台的舞台向全国人民亮相，如图 1-5-1 所示。

图 1-5-1

央视一套主持人康辉与李梓萌现场采访了他。康辉指着高凤林身上那么多星光璀璨的奖章说，这只是高凤林获得奖章中的一小部分。他 18 岁入行，从事了 37 年的火箭焊接工作。主持人问高凤林："同样的活干的时间长了，有没有改行的念想？""也犹豫过，但是想起师傅教导我们的那些话：航天生产离不开高素质的技术工人，但要当好一名工人，也不是一件容易的事。我就是记住了师傅的这句话，才一直坚持到现在。"康辉高度赞扬了高凤林的这种"坚持"的工匠精神。他从师傅的手中接过了这根焊枪，又将这根焊枪交到了他徒弟的手上，他徒弟又把这根焊枪交到了他徒弟的徒弟手上，这四代

图 1-5-2

相传，传承的是大国工匠的精神。四代人现场图如图 1-5-2 所示。

康辉指着已经 87 岁高龄的高凤林的师傅陈继凤说：陈老师傅身上的这枚奖章，是 1970 年我国第一颗人造卫星飞上天后，国家奖励给第一代航天人的勋章。陈老师傅由于在火箭发动机焊接技术方面的特殊贡献，获得了与两弹一星科学家同样的荣誉，我们要向我国的第一代航天人送上最崇高的敬意。

接着，李梓萌对高凤林的徒弟孙敏力说："你的师傅说你是个全能型人才，了不起。"他笑着说："师傅对我提出的训练要求是稳、准、匀，也就是说，焊接时手要稳，焊点要准，呼吸和焊缝要均匀，焊接工要像狙击手一样做到心神合一，练就了我。"李梓萌对孙敏力的徒弟王斌也赞赏有加，王斌虽然只有 28 岁，入行才 5 年，可在国际焊接工大赛中为中国争得了荣誉。在有 27 个国家、59 个国际组织的 300 多位焊接工参加的比拼中，王斌成为中国唯一的获奖者，太了不起了。

最后，康辉满怀深情地对观众说，高凤林等四代人，传承的不仅是高超的技能，还有身上的使命和责任，他们是我国亿万劳动者的杰出代表。图1-5-3为来自祖国各地的各行各业的大国工匠的杰出代表在中央电视台的舞台上。

图 1-5-3

 点金石

大国工匠

上述的这群不平凡劳动者的成功之路，不是进名牌大学、拿耀眼文凭，而是默默坚守，孜孜以求，在平凡岗位上追求职业技能的完美和极致，最终脱颖而出，跻身"国宝级"技工行列，成为一个领域不可或缺的人才。

2015年"五一"劳动节期间，中央电视台特别节目《大国工匠》正式开播，如图1-5-4所示。节目播出之后，工匠的故事很快引起社会热议。一周之内，相关话题的微博阅读量超过3 560万次。他们之所以走入镜头，并非他们有多么高的学历、收入，而是他们能够数十年如一日地追求着职业技能的极致化，靠着传承和钻研，凭着专注和坚守，缔造了一个又一个的"中国制造"。

图 1-5-4

《大国工匠》讲述了8个工匠"8双劳动的手"所缔造的神话。他们分别是：火箭"心脏"焊接技师高凤林、国家高级工艺美术技师孟剑锋、中国船舶重工集团公司第702研究所钳工技师顾秋亮、上海飞机制造有限公司钳工技师胡双钱、沪东中华造船集团电焊技师张冬伟、青岛四方机车钳工技师宁允展、中国宣纸股份有限公司捞纸技师周东红、港珠澳大桥钳工技师管延安（如图1-5-5所示）。

图 1-5-5

　　他们文化不同，年龄有别，但都拥有一个共同的闪光点——热爱本职、敬业奉献。他们技艺精湛，有人能在牛皮纸一样薄的钢板上焊接而不出现一丝漏点，有人能把密封精度控制在头发丝的五十分之一，还有人检测手感堪比 X 光般精准，令人叹服。他们所以能够匠心筑梦，凭的是传承和钻研，靠的是专注与磨砺。人的心灵深处一旦有了源源流淌的"活水"，便有了创业创造、建功建树的不竭"源泉"。这个成功之源就是爱岗精神、敬业自觉。爱岗敬业，是社会主义核心价值观的内容之一。筑就人生美丽梦想也好，践行核心价值观也罢，既不是虚无缥缈的，也不是高不可攀的。成功之源就植根在你我他的职业道德里、情感良心中。表面上，爱岗敬业是利他的，实质上，爱岗敬业也是利己的。它是满足社会需求与实现个人价值的有机统一。

　　提到优质制造，人们的第一反应往往是瑞士、德国、日本等国家的制造业，以及这些国家里控制误差不超毫秒的钟表匠、仅拧各种螺丝就要学习几个月的工人，和那些捏寿司都要捏成极致艺术品的手艺人。而经这些工匠之手制造出来的产品，也无一例外地打上了隐形的高品质标签。

　　那么，中国呢？"作为一个制造业大国，我们难道就没有这种工匠精神，还是说社会的浮躁，让我们忽视了这种精神的存在？"中央电视台新闻中心经济新闻部副制片人、《大国工匠》节目制片人岳群说。这也成了《大国工匠》制作的初衷。选题确定后，拍摄对象的寻找是一道难关：要在种类繁多的工种与数量庞大的技术工人中，找到能代表中国水平与中国制造实力的工匠,并非易事。

更让他们始料未及的是,诸多单位推荐的工匠名单中不乏一些大工程项目的指挥官、负责人。但制作团队却坚持一点,寻找真正的匠人——一定要找到拥有顶尖技术的一线技术工人,他们可以不是官员也不是负责人,但无一例外都要有别人难以替代的技术水准。

上海飞机制造有限公司的胡双钱就是其中一位拥有非凡技术的匠人。至今,他都是一名工人身份的钳工师傅,但这并不妨碍他成为制造中国大飞机团队里必不可缺的一分子。2006 年,中国新一代大飞机 C919 立项。对胡双钱来说,这个要做百万个零件的大工程,不仅意味着要做各种各样形状各异的零件,有时还要临时救急。一次,生产急需一个特殊零件,从原厂调配需要几天的时间。为不耽误工期,只能用钛合金毛坯来现场临时加工,这个任务交给了胡双钱。岳群至今记得,在节目中,胡双钱所讲述的任务难度之大,令人难以想象:一个零件要 100 多万元,关键它是精锻锻出来的,所以成本相当高。零件有 36 个孔,大小不一样,孔的精度要求是 0.24 毫米。0.24 毫米,相当于人头发丝的直径,这个本来要靠细致编程的数控车床来完成的零部件,那时只能依靠胡双钱的一双手和一台传统的铣钻床。仅用了一个多小时,36 个孔悉数打造完毕,一次性通过检验,这也再一次证明胡双钱的"金属雕花"技能(图 1-5-6)。

图 1-5-6

寻找拍摄对象的过程,也是这支制作团队的一次发现工匠精神之旅。一开始,中央电视台新闻中心经济新闻部副主任、《大国工匠》节目负责人姜秋镝就笃信如今的社会依然有工匠精神的存在:"我国数千年历史中,出现过鲁班这样的大师级工匠,也有修造出故宫这种世界奇观建筑的工匠,这说明中华民族的基因里,的确有工匠精神,也得以延续和传承。我们要做的是把它挖掘出来。"此前,"大国工匠"在制片人岳群心中,更多的是一个拥有高超技能的群体,但拍摄完成之后,她却受到强烈的震撼:"他们的心态,或者说他们对于工匠精神的认识与诠释让我佩服。"给火箭焊"心脏"的高凤林,给她留下颇为深刻的印象。53 岁的高凤林,是中国航天科技集团公司第一研究院 211 厂发动机车间班组长,30 多年来,他几乎都在做着同样一件事,即为火箭焊"心脏"——发动机喷管焊接。有的实验,必须在高温下持续操作,焊件表面温度高达几百摄氏度,高凤林却咬牙坚持,双手被烤得鼓起一串串水泡。岳群记得,在这 30 多年中,曾有人开出"高薪加两套北京住房"的诱人条件想挖走高凤林,高凤林却说:"我们的成果打入太空,这样的民族认可的满足感用金钱买不到。"还有一个细节是,高凤林每天晚上离开厂房时,都要回眸看看,岳群说:"这有安全方面的原因,更多的是在欣赏,高凤林觉得他们手上诞生的作品就像金娃娃,每一个都是他精心雕琢出来的。"尽管高凤林是一名工匠,但对待自己的作品就像艺术家对待艺术品一样,这样的讲述无不令岳群和她的同事动容(图1-5-7)。

图1-5-7

当然,制作团队也没有忘记从事传统工艺的工匠们。纯银丝巾果盘——北京APEC期间我国送给各国元首的国礼,让世人都被中国古老的錾刻工艺惊艳。这就是錾刻师孟剑锋的作品。细心观察,果盘有粗糙感,丝巾却有光感,做出这样的效果并不容易,孟剑锋要从不同角度进行上百万次的錾刻敲击。为了用银丝做出支撑果盘的四个中国结,孟剑锋要反复将银丝加热并迅速编织,银丝快速冷却变硬不可弯曲,需要无数次尝试才能成功。其他人可能会选择机械造出中国结底托再黏合上去,而他却无法容忍伴随机械制造而来的细小砂眼,也不愿违背纯手工的诺言。即使右手被烫出大泡、起了厚厚的茧,也丝毫没有动摇孟剑锋精益求精、不断超越与追求极致的决心。这也许就是孟剑锋们的工匠精神所在(图1-5-8)。

图1-5-8

当然,也会有人问,在新科技革命、工业4.0来袭的时代,我们还需要这些工匠和所谓的工匠精神吗?不可否认,标准化、机械化大生产越来越普遍地应用于制造业,但是在某些极精密和复杂的领域,机器并不能完全替代人,比如LNG船上的"缝制"钢板任务,就不可能使用机械进行批量操作,只能依赖技术人员精细的焊接,并且不能出现一个漏点。更为重要的是,我们要用大批的技术人才作为支撑,让享誉全球的"中国制造"升级为"优质制造"。

信息窗

匠心筑梦

大国工匠,凭的是精益求精的工匠精神,追求的是民族认可的自豪感。被称为焊接火箭"心脏"的高凤林，在焊接方面拥有超人的独特技能，是技术工人中理论与实践实现最佳结合的典范。他在平凡的岗位上，追求职业技能的完美和极致，靠着传承和钻研，凭着专注和坚守，最终脱颖而出，成为"国宝级"顶级技工、火箭发动机焊接不可或缺的人才，为航天科技现代化做出了杰出贡献。

1962年，高凤林出生在一个工人家庭。1970年，当我国第一颗人造地球卫星飞上太空，听到广播里响起卫星传回的"东方红"乐曲时，年幼的高凤林产生了疑问："卫星是怎么飞到天上去的？"从那时起，航天梦就在他心里埋下了种子。中学毕业时，母亲对他说："报考七机部技校吧，去解你小时候的迷惑。"七机部，是我国早先航天工业部门的简称。一念流转，一生情牵。从此，高凤林与航天结下了不解之缘。1980年，高凤林技校毕业后，被分配到211厂发动机零部件焊接车间。年轻的他一面虚心向厂里的老师傅求教，一面勤学苦练。

高凤林的师傅陈继凤是我国第一代氩弧焊工（图1-5-9）。"要想成为高素质的操作工人，必须上4个台阶：首先要干得好，还要明白为什么能干好，要能说出来，并且还要能写出来。"老师傅的嘱托，至今都是高凤林衡量自己工作得失的准则。20世纪90年代，长三甲系列运载火箭要采用新型大推力氢氧发动机，发动机大喷管焊

图1-5-9

接成为研制必须攻克的难关。大喷管的形状有点儿像牵牛花的喇叭口，延伸段由248根壁厚只有0.33毫米的细方管组成，仅一根管子的价值就相当于当时的一台彩电。而这些部件全部都需要工人手工焊接而成。全部焊缝长达近900米，管壁比一张纸还薄，焊枪多停留一下就可能把管壁烧穿或者焊漏。在首台大喷管的焊接中，高凤林连续奋战一个多月，最终凭借高超的技艺攻克了烧穿和焊漏两大难关。那段时间，高凤林双手被焊枪烤得发干、发焦、发糊，鼓起了一串串水泡。而高凤林只说了一个字："值！"

随着工作经验的积累，高凤林越发感到知识的可贵，在离开学校8年后，高凤林又重新捧起课本。为了能学有所用，他选择了机械工艺设计与制造专业。在那之后，高凤林再接再厉，又完成了从大学专科到本科、再到研究生的学习。厚积而薄发，有了知识的积累，高凤林的技术水平突飞猛进。20世纪90年代，在为长三甲系列火箭焊接第二台氢氧发动机的关键时刻，公司唯一一台真空退火炉发生炉丝熔断，研制工作一时陷入停滞。要想恢复设备运转，必须将炉丝重新焊接在一起。那时正值盛夏，炉内氧气本就稀薄，焊接时还要输送氩气进行焊接保护，缺氧成为"致命杀手"。高凤林没有任何迟疑，主动要求钻炉抢险。同事在高凤林脚上绑上绳子，再三叮嘱他："如果感到呼吸困难，就马上扯绳子，千万别逞强。"在漆黑一片的炉腔里，高凤林打着手电筒，忍着闷热和缺氧的窒息感，一点一点焊着……就这样，他三进三出，终于成功焊好了炉

丝,真空炉又恢复了运转。

一次,我国从某国引进的一种发动机出现裂纹,该国专家现场表示,只有把发动机拆下来运回原产地,或者请某国焊接工来中国修,维修的价格自然不菲。从外地赶到现场的高凤林虎劲儿上来了,他通过翻译告诉某国专家:"我10分钟就能把它焊好!"事实证明,高凤林不是吹牛。成功焊接完成,外方专家反复检查后,面带微笑对高凤林竖起了大拇指。

30多年来,高凤林攻克技术难关200多项,获得厂、院优秀团员、党员,新长征突击手,先进生产者,十佳青年等荣誉称号共20多项。1991年获部青工技术比赛实际第一、理论第二,以精湛的技术和突出贡献被破格评聘为国家技师。国家人力资源和社会保障部以高凤林的名字命名了国家级技能大师工作室,这也是首批50个国家级技能大师工作室之一。1994年以最佳焊缝成型第一个完成美国ABS焊接取证认可,受到美国船检官员的称赞,该试件也被首推成为工艺评定试件。著有论文30多篇,分别发表于《航天制造技术》《航天产品应用焊接技术》等刊物。由于贡献突出,其事迹多次被收入《中华名人录》《当代人才》《国际人才》等期刊,以及被中央台《实话实说》《焦点访谈》等节目报道。1997年,他被评聘为高级技师,2000年又评聘为特级技师。1995年获部级科技进步一等奖;1996年获国家科技进步二等奖;1996年获航天百优"十杰"青年、航天部劳动模范、航天技术能手、中央国家机关"十杰"青年;1997年获全国青年岗位能手、全国十大能工巧匠等称号;1999年获中国航天基金奖(图1-5-10)。

图1-5-10

瞭望角

工匠精神

"大国工匠"的感人故事、生动实践表明,只有那些热爱本职、脚踏实地、勤勤恳恳、兢兢业业、尽职尽责、精益求精的人,才可能成就一番事业,才可望拓展人生价值。高凤林自豪地说:"焊枪就是我手臂的延展,当事业与祖国牢牢相连时,每一次焊接迸发出的钢花,都会让我的生命更加耀眼。"这就是大国工匠的精神。这种精神,不仅需要高超的技艺和精湛的技能,而且还要有严谨、细致、专注、负责的工作态度和精雕细琢、精益求精的工作理念,以及对职业的认同感、责任感、荣誉感和使命感。其精神的内涵主要表现在"执着专注、作风严谨、精益求精、敬业守信、推陈出新"这5个方面。

演练场

小试牛刀

请你结合高凤林的成长经历以及自己对工匠精神的理解,撰写一篇"我要为工匠精神点赞"千字文,让你父母对其做出"合格、优秀、点赞"的评价。

第六节　强国崛起

小故事

中国世纪

2017年10月15日,法国《世界报》头版出现了6个醒目的中文大字:中国,强国崛起,如图1-6-1所示。

当天,《世界报》一期报纸用了8个版面专门讲述"中国,强国崛起"的故事,这样的做法实属罕见。《世界报》写道:"我们已经进入了中国世纪。"报道中详细介绍了中国社会、经济等方面的崛起,其中有一整版讲中国遍布世界的熊猫外交,称其为"中国不可回避的软实力工具"。生活在法国的华侨华人看到报纸后频频自豪地表示:"相信你,我的国!"《世界报》盛赞中国装备科技的快速崛起,盛赞中国在近期取得的系列颠覆性技术成果和震撼世界的装备成绩。法媒直言,过去中国需要学习法国的地方太多、太多,如今法国需要学习中国的地方太多太多。

《世界报》指出,过去,直升机、量子、超导、超算、航空发动机、核电、电磁弹射、航母、舰载机、战斗机等几乎所有的领域,中国都是小学生。可是短短几十年间,中国已经完成了身份转变,成为世界的老师。法国需要虚心地学习中国的量子通信技术、超导技术、舰载机技术、电磁弹射技术、新型核电技术、综合电力技术、航天装备技术,还要积极地申请中国空间站门票。侨胞陈光荣向记者表示:"作为中国人,深感自豪!"旅居法国的青田籍侨胞Christiane Chen小姐看到这份报纸惊讶地说:"天啊,厉害了我的国!"

图 1-6-1

中国装备复兴、科技崛起,这一切都在潜移默化地影响着世界(图 1-6-2)。当今近 200 年的时间内,西方推行的"精神殖民"让部分国人失去了自信,什么都是西方的好,什么都是进口的好,以至于闹出了诸如达芬奇家具之类仅仅派出轮船大海上漂几圈,回来就是高端进口货的闹剧。可是如今,中国装备科技复兴,人们久违的自信回来了,心态悄然转变了,世界看待中国的态度也变了,我们中国人挺直腰杆站起来了。中国的强大,令全中国人民自豪。

图 1-6-2

点金石

从大到强

近年来,随着中国经济转型,中国产品各方面发生巨大变化,"让世界爱上中国造"这句广告语,正日益成为现实。与中国经济一路同行,中国制造也一路转型。千差万别的企业可能有千差万别的改变,千差万别的改变背后又可以找出一条条相似的轨迹,中国正由大国向强国崛起。

1. 从低端标签到高大强上

曾经,中国制造被贴上"低端"标签,高铁等一件件国之重器,改变了外界这一刻板印象。据统计,当前中国高铁里程已突破2.2万公里,总里程超过第2至第10位国家总和,其中近六成建成于近5年。随着"八纵八横"高铁网络规划出炉,中国计划到2020年,将高铁总里程提升到3万公里,覆盖80%以上大城市。在"中国路"上飞驰的是"中国车"(图1-6-3)。2017年6月,中国首列标准动车组"复兴号"下线;9月,7对"复兴号"动车组在京沪高铁提速至时速350公里。中国铁路总公司相关负责人介绍,"复兴号"已达到国际先进水平,在该动车的254项重要标准中,中国标准占84%。高品质让"中国造"走向世界。中国为塞尔维亚量身定制的电力机车将运行在巴尔干区域最繁忙的货运线路上;在美国波士顿、洛杉矶,中企亦拿下多份地铁订单。

图1-6-3

2. 从简单重复到创新制胜

多年来,中国产品以"来料加工""来样制造"为主,常被诟病"简单重复、缺乏思考"。综合国力竞争说到底比的是创新能力,这正成为如今"中国造"的"制胜法宝"。中国通过"专利合作条约"途径提交的国际专利申请数量近年来持续快速增长,2013年跃升至世界第三位;中国年发明专利申请量稳居世界首位,2015年发明专利申请受理量突破百万件,2016年国内有效发明专利拥有量超过百万件。例如,作为世界上首个发明并使用纸币的国家,中国如今正引领全球支付体系迈入新时代。2017年二季度,中国第三方移动支付市场规模超过23万亿元人民币,稳居全球最大移动支付市场。移动支付技术被不少在华外国人称作中国"新四大发明"之一。国家金融与发展实验室理事长李扬指出,在部分"一带一路"国家复制推广这一经验,有望使其直接越过支票、信用卡等传统交易阶段,进入基于网络的移动支付时代(图1-6-4)。

图1-6-4

3. 从山长水远到天涯咫尺

中国产品能够走向世界,还得益于中国推动建设贸易大动脉,加速与世界各地贸易融通。近期在中国官媒热播的纪录片《辉煌中国》提道,52条中欧班列线已将32个中国城市与欧洲12个国家的32个城市紧紧相连,汇聚成全新国际贸易大通道。以往通过海铁联运,中欧货物运输时间需三个月,而中欧班列将这一时间缩短至20天。中国国家发展和改革委员会秘书长李朴民表示,将中欧班列打造成具有国际竞争力和信誉度的国际知名物流品牌,对日益增长的亚欧大陆国际货运需求,释放丝绸之路经济带物流通道潜能,把丝绸之路从过去的商贸路变成产业和人口集聚的经济带,具有重要意义。在中国发起的"一带一路"倡议助推下,在沿线国家共同努力下,未来中国与世界的经济联系还将更加紧密。"一带一路"东牵亚太经济圈,西接欧洲经济圈,穿越非洲,环链欧亚,堪称全世界跨度最长、最具潜力的合作带。沿着这条道路,"中国造"必将进一步影响世界(图1-6-5)。

图 1-6-5

4. 从1.0版到2.0版的升级

歌尔股份有限公司打造的无人机集中了其在声光电领域的技术,不仅可以完成全景摄像,还可加载虚拟现实功能。作为中国本土成长起来的制造企业,过去很多年,歌尔凭借微型声学模组、传感器等优势,成为三星、索尼等国际知名企业的重要供应商。歌尔公司副总裁吉永说,歌尔将深耕虚拟现实、人工智能、顶级音响等领域,扩大品牌影响。

一根棉纱线,可以做到细如蛛丝、绵延一公里、仅重1.94克;一件衬衫,可以做到360度无缝线、水洗100次不变形、免熨烫……作为国际知名品牌巴宝莉经典格子面料的供应商,鲁泰集团如今也在追求自我品质的道路上越走越宽。目前,鲁泰自主品牌产品70%出口海外,高档色织面料出口份额占全球市场18%以上。

新时期的中国制造从低附加值加工制造的1.0版,正逐步升级到注重质量和品牌的2.0版。中国高铁、神舟飞船、天河计算机(1-6-6)、北斗导航……一个个中国品牌,已闪亮在国际市场。

图 1-6-6

5. 从0到1的突破性成果涌现

从0到1的突破性成果、原创性创新的涌现,正让中国制造的面貌焕然一新。别小看一片小小的药,其中往往蕴含着高端技术与创新。天士力控股集团自主研发的中成药复方丹参滴丸,完成了美国食品药品监督管理局临床试验,这也是中药领域在创新与国际化方面取得的重大进展。0到1的创新之后,1到100的创新紧随其后。天士力在打造中药先进技术制造平台、智能化装备等方面实现了持续创新。

很多人可能想不到,生产耐用的汽车玻璃窗升降钢丝,是世界级难题。"这种钢丝要求支撑玻璃窗可升降8万次,对材质和生产工艺要求极高,中国曾长期依赖进口。"法尔胜泓昇集团副总裁刘礼华说。经过多年自主研发,法尔胜生产的玻璃窗升降钢丝,已被全球汽车厂商争相使用,中国也成为继日本和比利时之后,世界上第三个可以供应这类产品的国家。

近年来,中国制造的"原创""首创"色彩越来越浓。华为在全球率先推出高温长寿命石墨烯基锂离子电池,可将锂离子电池的上限使用温度提高10℃,使用寿命提升一倍。"神威·太湖之光"成为世界首台运算速度超过每秒10亿亿次的超级计算机(图1-6-7)。工信部资料显示,中国对透明显示技术、锂离子电池、超导材料等多个领域的前沿研究取得重要进展,在国际上处于领先位置。

图1-6-7

6. 从2产业向2.5产业的转型

曾是典型的制造业企业的雷沃重工股份有限公司踏上了制造服务业的道路,从第二产业转型成横跨二、三产业的2.5产业。如今,雷沃重工的客户可通过其包括呼叫中心系统、整机销售系统、配件服务系统、GPS系统在内的物联网服务平台,享受智能自助、现场维修、配件维修等多种服务。双良集团从最初做空调,到做大型制冷设备,再到如今进军余热回收、环保污水处理等,经历着从制造业向服务商转型的过程,如今已超前布局并完成了多项重点工程中的能源回收和智能能源管理。"海尔的转型:从制造产品的企业转型为孵化创客的平台。"在传统制造企业海尔集团的中央空调智能互联网工厂,这条标语格外醒目。截至目前,海尔平台已汇聚了1 333家风投机构、118家孵化器空间……

伴随着互联网+、信息化步伐的加快,产业融合、企业升级的图景正在不断描绘,中国制造正在演绎着"N"种可能。

 信息窗

领 先 西 方

2016年全球自然科学技术指数,中国居然领先西方国家!

1. 北斗系统:差分仪试验成功将精度从10米提升到1米,配合地基增强系统,精度将达到厘米级,并拥有短信功能,如图1-6-8所示。

2. 2000预警机:全世界最先进,领先美国E-3C预警机接近一代,如图1-6-9所示。

图1-6-8

图1-6-9

3. 超级计算机:"天河2号"以每秒33.86千万亿次连续第六度称雄。2017年我国的"神威·太湖之光"超级计算机,速度居然比天河还快3倍。这可是全部自主研发并有中国"芯"的超级计算机。美媒感叹除非中国发生大乱或分裂,美国在超级计算机速度上可能永远赶不上中国。需要指出的是,我国的超级计算机不仅在速度上远超美国,在数量上也超过美国,如图1-6-10所示。

4. 雷达技术:在国际上首次实现对车辆等典型人造目标的三维高分辨成像,这项技术在地理遥感和军事侦察领域有很好的应用前景,如图1-6-11所示。

图1-6-10

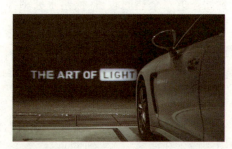

图1-6-11

5. 3D打印:能够生产优于美国的激光成形钛合金构件。中国成为目前世界上唯一掌握激光成形钛合金大型主承力构件制造且付诸实用的国家,如图1-6-12所示。

6. 激光技术:深紫外全固态激光器通过验收,中国成为目前世界上唯一能够制造实用化、精密化深紫外全固态激光器的国家,如图1-6-13所示。

图1-6-12

图1-6-13

7. 微晶钢（超级钢）：居世界领先地位。我国是目前世界上唯一实现超级钢工业化生产的国家，其他国家的超级钢尚未走出实验室，如图1-6-14所示。

8. 脉冲强磁场实验装置：跻身世界上"最好"的脉冲场之列。我国在电源设计和磁体技术方面取得的成就位列世界顶级，如图1-6-15所示。

图1-6-14

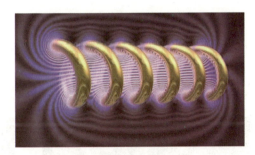

图1-6-15

9. 纳米技术：清华大学魏飞教授团队成功制备出单根长度达半米以上的碳纳米管，创造了新世界纪录，这也是目前所有一维纳米材料长度的最高值，如图1-6-16所示。

10. 超轻气凝胶：浙江大学高分子系高超教授的课题组制备出了一种0.16毫克/立方厘米的超轻气凝胶，刷新了目前世界上最轻固体材料的纪录，如图1-6-17所示。

图1-6-16

图1-6-17

41

11. 量子存储器：世界首个存储单光子量子存储器在中国诞生，如图 1-6-18 所示。

12. 医学：全球首个人工生物角膜日前成功完成临床试验，人工角膜移植后的总有效率超过了 90％，愈后效果已经接近人体角膜，如图 1-6-19 所示。

图 1-6-18

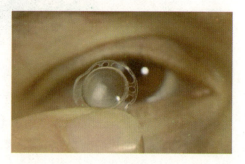

图 1-6-19

13. 风洞：JF12 激波风洞，试验时间 100 毫秒 3 倍于国外，是国际上最先进的高超声速风洞，如图 1-6-20 所示。

14. 量子物理学：中科大测出量子纠缠速度下限，这标志着中国在"绝对保密"的量子通信这个未来战略性领域继续领跑于全球，如图 1-6-21 所示。

图 1-6-20

图 1-6-21

15. 微电子：复旦大学微电子学院张卫教授团队研发出世界第一个半浮栅晶体管（SFGT），如图 1-6-22 所示。

16. 盾构机：横断面宽 10.122 米、高 7.27 米、重 400 多吨的世界最大矩形盾构机在郑州下线，如图 1-6-23 所示。

图 1-6-22

图 1-6-23

17. 基因技术:中国首次完成人类单个卵细胞高精度基因组测序,可有效提高试管婴儿活产率,如图 1-6-24 所示。

18. 云计算:全球首台云计算机"紫云 1000"问世,这标志着中国在云计算核心技术领域取得了重大突破,如图 1-6-25 所示。

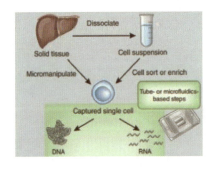

图 1-6-24

图 1-6-25

19. 催化剂:中国于世界首创制成单原子铱催化剂,用于卫星推进剂,能够降低金属用量,提高催化效率,节省催化剂成本。

20. 引力精密测量:算出世界最精确万有引力常数,其引力实验室也被外国专家称为世界的引力中心。

21. 量子保密通信技术:世界首创。发射的量子卫星世界瞩目。

瞭望角

国家实力

国家实力是指一个国家的综合国力,分硬实力和软实力两类。硬实力是指支配性实力,它包括基本资源(如土地面积、人口、自然资源)、经济力量、军事力量和科技力量,是指看得见、摸得着的物质力量。软实力则指一个国家依靠政治制度的吸引力、文化价值的感召力和国民形象的亲和力等释放出来的无形影响力。硬实力是有形的载体,软实力是无形的延伸。强盛的软实力,恰是一种硬形象。从某种意义上说,一个国家提升软实力比提升硬实力更为困难。经济硬实力的提升,有市场的"无形之手"就能强劲发展。而科技发展水平则是衡量一个国家是否是世界强国的一项综合性指标,是衡量一个国家先进与落后的重要尺度。随着世界首颗量子科学实验卫星"墨子号"升空,世界首条量子保密通信网络"京沪干线"全线贯通,世界最薄0.15 mm超薄玻璃实现量产,以及"蛟龙号"载人深潜器、500米口径球面射电望远镜、"神威·太湖之光"超级计算机、复兴号动车组、400马力无级变速拖拉机等一批批行业领跑、世界领先的新技术、新成果竞相出现,我们中国人挺直腰杆站起来了。中国的强大,令全中国人民自豪。

演练场

小试牛刀

请你根据自己对法国《世界报》头版出现的6个醒目的中文大字"中国,强国崛起"的理解,撰写一篇"厉害了,我的国"千字文,让你父母对其做出"合格、优秀、点赞"的评价。

瞭望角

本章总结

社会现象与自然现象的不同之处就是它要受到人的主观能动性因素的影响。所以人对社会现象的认知比起自然现象来要复杂得多。人们有不同的获得感,就会有不同的评价。本章给你展示的6种社会现象,都是当今社会的正能量,它是你融入社会、建立责任担当、进行社会调查的第一手资料。

"国庆长假"讲的是昆明旅客一家三口在8天内,去远离家乡2 400多公里的上海、苏州、无锡、常州、镇江、扬州、南京这7个城市,能轻松愉快地游玩其中的主要景点,靠的是"新的四大发明",反映了老百姓充满幸福感的社会现象。

"休闲公园"讲的是向老百姓开放的集大中小公园合理匹配于一体的休闲体育公园体系格局,反映的是扬州市政府关爱民生健康的社会现象。

"精准扶贫"是习总书记在湖南湘西考察时提出的中国最大的民生问题,其目标是脱贫致富。言必行,行必果,已经成为全世界点赞的社会现象。

"中国天眼"是由中国自主建造的世界上最大单口径、最灵敏的射电望远镜,通过一年的试运行,已经探测到数十个优质脉冲星候选体,其中6颗通过国际认证。它给我们呈现的是强国正在崛起的社会现象。

"大国工匠"是我国亿万劳动者的杰出代表,他们热爱本职、脚踏实地、勤恳敬业、尽职尽责、精益求精的工匠精神,成为最吸人眼球的社会现象。

"强国崛起"讲的是法国《世界报》一期报纸用了8个版面专门讲述"中国,强国崛起"的故事:世界已经进入了中国世纪。这是中国人最值得自豪的社会现象。

希望你能通过阅读本章,把握社会现象的内涵,尤其是对于中国已经走向新时代有深刻的理解。

收获篇

再试牛刀

通过本章的学习与总结,你对社会现象之谜是如何解读的?请再撰写一篇"强国崛起之梦"千字文,让你的父母对其做出"合格、优秀、点赞"的评价。

第二章 调查方法

很庆幸你能在中学时代就赶上建设中国特色社会主义的新时代。这是一个承前启后、继往开来的伟大时代。而社会调查是你融入社会、积累经验、实现自身价值的明智之举,它能为你步入社会、成就梦想打好扎实的根基。

要融入当今社会,进行社会调查和实践研究是你正确的选择。在当前的中学时期,你就得关心社会问题,通过调查研究来发展和提升自己,其中的关键之处就是要把握好调查的方法。本章将从文献调查、实地调查、访谈调查和问卷调查这4种最基本的调查方法入手,为你揭开调查方法的神秘面纱。

"文献调查"是通过寻找文献,搜集相关有用信息的调查方法。这里所指的"文献",不再仅仅是传统意义上的纸质资料(报纸、杂志、书籍),还有更加丰富多彩的网上资料(微信、电视、互联网+)。它为你顺利走进调查世界当好开路先锋,也为你后续的实地调查做好技术上的准备。

"实地调查"是通过身临其境地去现场了解,掌握第一手资料的调研方法。

"访谈调查"是一种比实地调查更深一层次的调查方法。它能获得更多、更有价值的信息,适用于调查的问题比较深入、调查的对象差别较大、调查的样本较小,或者调查的场所不易接近等情况。不少电视台的在线访谈节目,很受观众关注。

"问卷调查"是调查者运用事先设计好的问卷向被调查者书面了解情况或征询意见的方法。该法最大的优点是能突破时空的限制,在广阔的范围内对众多的调查对象同时进行调查。

上述4种调查方法为你揭开社会调查的方法面纱。希望你能受到启发,从中衍生新问题,创设新情境,进行新研究,掌握新方法。

第一节 文献调查

刀斩华雄

《三国演义》中有个关云长温酒斩华雄的故事,说的是:东汉末年,天下大乱。曹操假托皇帝诏书,召集天下英雄围攻董卓。兵临城下,却被对方手下的华雄连斩三员大将。正当大家愁眉不展之时,一名马弓手主动请缨。上阵之前,曹操特为他热了一杯"壮胆酒",此人却说:"酒且斟下,某去便来。"不一会儿,这人就提了华雄的人头胜利归来,举杯饮酒时,酒还是温热的。这名马弓手,姓关名羽字云长,所以这个故事史称"关云长温酒斩华雄"(图2-1-1)。在"斩华雄"这个情节里,作者为了突出表现关羽"神速"的战斗风格,运用了虚实相结合的手法,创造了一个富有特征的情势和氛围,从而使中

图 2-1-1

心人物关羽的形象得到了很好的烘托,可谓是匠心独具。例如,作者并不直接描写关羽的武艺如何高强,只是着意渲染华雄如何势不可当,众诸侯如何惊恐失色,这都是为了造势。关羽在一杯酒尚有余温的顷刻间,已提了华雄的头,掷于中军帐前。虽然没有直接写关羽之勇,但却通过华雄的骁勇、诸侯的惊恐创设了一个富有特征的情势和氛围,把关羽的威武形象衬托得更加鲜明生动。这里有虚写,有实写,实写会场,虚写战场;实写战斗结果,虚写战斗过程。由此可见,要烘托中心人物的特征,就必须为此创造一个富有特征的情势氛围。

树人少科院的学生以这个脍炙人口的故事作为文献调查的背景,对关云长能够温酒斩华雄的原因进行了分析研究,认为关云长的神勇是其刀斩华雄的内部原因,而关云长的马快、刀急以及华雄连斩三员大将后的骄兵心态,是其刀斩华雄的外部原因。而张旭同学对关云长取胜因素的研究,则是从一个小小的"马镫"入手的,如图2-1-2

所示。他认为：青龙偃月刀是一把宝刀，重41千克，平时由两个人扛着。但是到了马上，关云长为什么能端起来？这是利用了马的力量。而马的力量又是如何传给关云长的呢？就是靠了这个马镫，才能做到人马合一，刀斩华雄的。他的"关于马镫的调查研究"荣获中国少年科学院"小院士"课题研究成果一等奖，并被聘为小院士，如图2-1-3所示。

图2-1-2

图2-1-3

点金石

文献调查

所谓文献调查法，是指通过寻找文献，搜集相关有用信息的调查方法。张旭同学就是通过有道云笔记认识了马镫，再阅读名著《三国演义》，点击网上有关马镫的相关资料，进行文献鉴别和文献整合，对马镫的原理、意义、发明、应用进行了研究。这是对"关云长温酒斩华雄"原因分析的创新，其简要分析如下：

1. 马镫的原理

马镫，就是人骑在马上的时候，两个脚套进去的那个铁环。它的作用就是把人的两腿固定在马上，使骑兵的双脚有了强劲的支撑之点，将人与马连接为一个整体，人通过马镫与马发生的作用力基本上在竖直方向，这样人就容易保持平衡。骑在马背上的人就可以用解放了的双手,在飞驰的战马上且骑且射,也可以在马背上左右大幅度摆动,完成左劈右砍的军事动作。而在此之前,骑马是一桩苦差事,因为当马飞奔或腾跃时,骑手坐在马鞍上,两脚悬空,只好双腿夹紧马身,人直接与马发生的作用力不在竖直方向上,所以必须用手紧紧地抓住马鬃才能保持平衡,防止从马上摔下来。交战双方在马背上的格斗中,就不能竭尽全力大幅度摆动,否则会失去平衡而落马。

2. 原理的应用

正是马镫的平衡作用将关云长的神勇、马的快速、青龙偃月刀的刀重刃锋等显著特点发挥到了极致。关云长在快速冲向敌人的一瞬间,用脚往下猛踩马镫,马镫反作用于关云长及其战马,一声长嘶,马蹄上扬,带着青龙偃月刀上扬而积聚能量,紧接着就是一个向下俯冲,82斤的青龙偃月刀就有力劈华山的迅雷不及掩耳之势,再加上华雄正在轻敌得意之际,来不及反应就身首异处了。由此得出结论:马镫是人力与马力的最佳结合点,并通过人力传给了刀,刀斩华雄的威力归根结底源自马镫的反作用力。所以马镫虽英雄无名,却功不可没。这就是马镫在这场战争中的显著作用,如果没有马镫,即使关云长再神勇、马再快速、刀再锋利,也不可能在一瞬间就力劈华雄,因为华雄也有连斩三员大将的超人本领。

3. 马镫的发明

考古发现表明:中国东北方的草原地区,约在公元3世纪就可能已出现马镫,这种马镫是木芯长直柄包铜皮的挂式马镫,继而出现了窄踏板金属马镫在欧亚大草原上的广泛传播。木芯长直柄马镫是东西方各类马镫的源头。最早的马镫实物,发现于公元3世纪中国东北的原鲜卑人活动的区域。其出土地点在辽宁省西部与内蒙古赤峰相接的北票市。1965年,考古人员在北票市北燕贵族冯素弗墓中,发现了一对木芯长直柄包铜皮的马镫。这对马镫长24.5厘米,宽16.8厘米,是国际上现存时代最早的马镫实物,如图2-1-4所示。

图2-1-4

4. 马镫的意义

英国科技史学家怀特指出:"很少有发明像马镫那样简单,而又很少有发明具有如此重大的历史意义。马镫把畜力应用在短兵相接之中,让骑兵与马结为一体。"有了完善的马镫,骑兵就更容易控制和驯服马匹,并且使人骑在马上较为舒适、稳固、省力;同时,骑兵和战马很好地结合在一起,使复杂的战术动作和列阵的训练变得更容易了,能够充分发挥甲胄和兵器的效能。这也为东晋和十六国以及南北朝时期骑战和重装甲骑兵的大规模发展提供了条件。马镫发明后,便在大草原上迅速流传,使骑兵的战略

地位大大提高,也使世界战争史大为改观。到了公元8世纪的时候,中国人发明的马镫通过阿拉伯人传到了欧洲,也使整个欧洲战场的战术水平发生了一次大升级。

在没有马镫的春秋时期,打仗用马,是马拖战车,跑跑龙套而已。到了战国的时候,赵武灵王胡服骑射,这个时候开始利用马的速度了,人是站在马上射箭的,所以西汉李广的本事就是能在马上射箭,射得很准,力道很大,射得很远。一直到了汉代的后期,三国时候有了马镫,才有了"关云长温酒斩华雄"的传奇。

信息窗

调查特点

1. 文献类型

文献调查的对象是文献,故需要对文献的类型及其来源有所了解。

(1) 国家统计局和各级地方统计部门定期发布的统计公报、定期出版的各类统计年鉴,这些都是权威性的一般综合性资料文献。

(2) 各种经济信息部门、各行业协会和联合会提供的定期或不定期信息公报。这类文献或数据定向性较强,是市场调查中文献的重要来源。

(3) 国内外有关报纸、杂志、电视等大众传播媒介。这些传媒提供种类繁多、形式多样的各种直接或间接的市场信息,它们是文献调查中主要的查找对象。

(4) 各种国际组织、外国驻华使馆、国外商会等提供的定期或不定期统计公告或交流信息。

(5) 国内外各种博览会、交易会、展销订货会等营销性会议,以及专业性、学术性会议上所发放的文件和资料。

(6) 工商企业内部资料,如销售记录、进货单、各种统计报表、财务报表等。

(7) 各级政府部门公布的有关市场的政策法规,以及执法部门的有关经济案例。

(8) 研究机构、高等院校发表的学术论文和调查报告等。

2. 主要优点

与其他收集市场信息的方法一样,文献调查法也需要建立严密的调查计划,并对将要利用的文献进行真实性、可用性的检查,这样才能保证调查的系统性和可靠性。但作为一种独立的调查方法,其又有自身固有的优点。

(1) 文献调查超越了时间、空间限制,通过对古今中外文献进行调查可以研究极其广泛的社会情况。这一优点是其他调查方法不可能具有的。

（2）文献调查主要是书面调查，如果搜集的文献是真实的，那么它就能够获得比口头调查更准确、更可靠的信息，避免了口头调查可能出现的种种记录误差。

（3）文献调查是一种间接的、非介入性调查。它只对各种文献进行调查和研究，而不与被调查者接触，不介入被调查者的任何反应。这就避免了直接调查中经常发生的、调查者与被调查者互动过程中可能产生的种种反应性误差。

（4）文献调查是一种非常方便、自由、安全的调查方法。文献调查受外界制约较少，只要找到了必要文献就可以随时随地进行研究；即使出现了错误，还可通过再次研究进行弥补，因而其安全系数较高。

（5）文献调查省时、省钱、效率高。文献调查是在前人和他人劳动成果基础上进行的调查，是获取知识的捷径。它不需要大量研究人员，不需要特殊设备，可以用比较少的人力、经费和时间，获得比其他调查方法更多的信息。因而，它是一种高效率的调查方法。

小试牛刀

请你根据自己对"社会现象"的理解，撰写一篇"社会现象畅想"千字文，让你父母对其做出"合格、优秀、点赞"的评价。

调查报告

小院士程曼秋用文献调查方法撰写了一份调查报告——"从美国总统的演讲稿中探索美国经济发展迅速的原因"，该作品获江苏省少科院科技创新成果一等奖，她也被江苏省科协和教育厅联合表彰为江苏省青少年科技创新标兵（图2-1-5）。其调查报告如下所示。

图 2-1-5

从美国总统的演讲稿中探索美国经济发展迅速的原因

扬州中学教育集团树人学校学生　程曼秋

1. 研究背景

在成为初中生后,我们离长大又近了一步,我们在关心国家建设的同时,发现在国际的舞台上,美国的历史也并不长,那么它的经济发展如此迅速的原因是什么呢？这也激发了我们的好奇心,在指导老师的引导下,进行了"从美国总统的演讲稿中探索美国经济发展迅速的原因"的课题研究。

2. 提出问题

问题1：美国经济发展迅速的原因与美国总统的基本国策有关吗？
问题2：美国经济发展迅速的原因与美国总统的和平政策有关吗？
问题3：美国经济发展迅速的原因与美国总统的科教政策有关吗？
问题4：美国经济发展迅速的原因与美国总统的外交政策有关吗？

3. 寻找答案

选购一套《美国总统就职演说》作为参考和依据,如图2-1-6所示。

4. 深入探究

围绕提出的4个问题,从书中获取相关信息,解决所提出的问题。

5. 收集证据

将其填入设计的表格中,如表2-1-1

图 2-1-6

至表 2-1-4 所示。

表 2-1-1　美国经济发展迅速的原因与美国总统的外交政策有关

总　统	演讲内容	所起作用
詹姆斯·门罗	颁布"门罗主义"	南北州不容许由外来者开发，保护了本国资源，拥有独霸市场
富兰克林·皮尔斯	打开日本国门；与英国签订条约	使美国渔民可以在离加拿大沿岸不远地区捕鱼
本杰明·哈里森	召开了第一届泛美会议；与许多国家签订了贸易互惠协定	为美国和拉美国家之间加强联系铺平了道路；使经济交易进一步加强
富兰克林·罗斯福	颁发睦邻政策	使美国经济与邻国互通有无，大大促进经济的流通
理查德·M.尼克松	同中国关系正常，发表《上海公告》；将美国军队撤出越南	开启了与中国和越南友好经济的往来，也使国内的一部分经济危机解除

表 2-1-2　美国经济发展迅速的原因与美国总统的和平政策有关

总　统	演讲内容	所起作用
乔治·华盛顿	英美战争	美国得以独立
米勒德·菲尔莫尔	签署了《1850年妥协案》	彻底解决南北方之间的根本矛盾，促进经济往来和流通
詹姆斯·布坎南	竭尽全力地维持、保护和捍卫合众国宪法	使国家统一和平，得以友好融洽共处，促进金融贸易
富兰克林·罗斯福	让美国人民怀着民族团结、热情、勇气，正视困难共同奋斗	达到圆满、长治久安的国家生活
理查德·M.尼克松	结束越南战争	使国与国之间相处和平，减少了矛盾，从而使两国的经济迅速发展来往

表 2-1-3　美国经济发展迅速的原因与美国总统的科技政策有关

总　统	演讲内容	所起作用
乔治·华盛顿、约翰·亚当斯、托马斯·杰斐逊	将教育作为立国之本，重视科技	为科技人才的培养和科技发展奠定了坚实的基础
约翰·F.肯尼迪	20世纪60年代末实现人类登月	促动其他产业发展，带动经济
威廉·J.克林顿	推动州教育改革和实施经济发展计划	为美国的各项事业发展注入长期的活力，使得各项经济得到紧密持续发展
贝拉克·侯赛因·奥巴马	通过可再生能源等方面的科技发展刺激经济复苏	缓解大萧条以来最严重的经济危机

表 2-1-4　美国经济发展迅速的原因与美国总统的基本国策有关

总　　统	演讲内容	所起作用
乔治·华盛顿、约翰·亚当斯、托马斯·杰斐逊	先后制定并完善新宪法	宪法扩大了联邦政府的权力，缩小了州政府的权力
亚伯拉罕·林肯	颁布《解放奴隶宣言》	拯救联邦和结束奴隶制度，维护美国的统一，为推动美国经济社会向前发展做出了巨大贡献
本杰明·哈里森	制定《谢尔曼反托拉斯法》	稳定局势、防止社会经济等动荡
西奥多·罗斯福	改善劳工状况，推行保护自然资源措施，同时加强美国海军建设	稳定了美国的经济来源和经济发展
富兰克林·罗斯福	实行"百日新政"	使美国的工业、农业逐渐全面恢复，使富兰克林第一任期内国民收入增长了50%

6. 初步结论

（1）**国策长治久安**：基本国策是一个国家的框架，美国的总统们更是一次次地将美国修成"黄金比例"，这对美国内部的经济交流有着很大的作用。基本国策从宪法、企业、资源等重要方面入手，在经济的改善提升方面有着明显成效。这些政策都是从美国一段时间最主要的问题入手，从美国的全局方面考虑，更加切实可行。① 美国1787年制定新宪法，并完善新宪法，扩大了联邦政府的权力，缩小了州政府的权力。由于各种原因，乔治·华盛顿连任总统，主持制宪，建立联邦制政治，确立了美国的民主共和政体。他在演说中提道："我会正确理解可能产生影响的各种因素来恪尽职守，这将是我始终如一的目标。"事实上也的确如此。② 第32任总统罗福斯从整饬金融开始，制定了十五项重要立法，他在就职演说中说："我们必须坦率地承认，我们工业中心的人口已经失衡。我们要通过在全国范围内重新调配劳动力，努力让那些最适合某块土地的人更好地使用土地。"并由此，他在新政中确立条约，使美国的工业、农业逐渐全面恢复，从而使金融有了更大进步，这一举措使富兰克林第一任期内的国民收入增长了50%。③ 伟大的林肯领导了拯救联邦和结束奴隶制度的伟大斗争，他通过颁布《解放奴隶宣言》，让400万奴隶重获自由；成功维护了美国的统一，为推动美国经济社会向前发展做出了巨大贡献。然而这一切的举措都源于他的诺言："政府将十分高兴地根据宪法和法律提供一切保护，并对所有地区和人民都愉快地一视同仁。"④ 西奥多·罗斯福在内政上推出一系列改良政策：加强联邦政府对私人企业的管理，抑制托拉斯的发展，改善劳工的状况并推行保护自然资源的措施，也同时加强美国海军建设。这些举措稳定了美国的经济来源和经济发展。⑤ 本杰明·哈里森在他的就职演说中提道："我希望我们的关税保护制度能够持久，也盼望各种制造业及矿业的持续发展。"哈里森顺应潮流，制定了旨在稳定局势、防止社会经济等动荡的《谢尔曼反托拉斯法》。

(2) **和平带来繁荣**:"和平"这两个字简简单单,但却一直是人们最高的追求,和平谈何容易啊! 而且,和平是一个国家经济繁荣的保障。美国总统推出了一系列的政策维护和平,不仅使美国人民可友好和谐相处,也使美国各地经济得以互相往来、互惠互利,促进了各个地方的经济全面发展,内部的经济得到稳定,国家繁荣昌盛。① 美国各个地方经济都较为平衡,实行多党统治,使得经济得到稳定、持续发展。乔治·华盛顿在首任就职演说中说道:"美国人在独立的进程中,每前进一步,似乎都得到某一种天佑。"其实正是因为他的领导,美国才得以独立,为美国的资本主义的发展扫除了障碍,而后才得以和平,往后的经济才得以迅速发展。② 总统米勒德·菲尔莫尔 1850 年 12 月签署了《1850 年妥协案》,期待此妥协案能彻底解决南北方之间的根本矛盾,促动经济往来和流通。詹姆斯·布坎南也在简短的就职演说中表示"要竭尽全力地维持、保护和捍卫合众国宪法,使国家统一和平"。他的行动让社会得以友好融洽共处,促进金融贸易,使国家经济更上一层楼。③ 获得了 2009 年度诺贝尔和平奖的美国总统贝拉克·奥巴马在就职演说中提道:"我们共有的人道主义精神会彰显,美国必须率先走进新的和平时代。"所以,他在加强国际外交及各国人民之间合作上做出非凡努力,也加速了美国经济发展。④ 富兰克林·罗斯福让美国人民怀着民族团结、热情、勇气,正视困难共同奋斗,达到圆满、长治久安的国家生活。因为他说:"我们的目标是确保圆满、长治久安的国家生活。要维护靠奋斗得来的民主必须在处理各种不同的做法时付出巨大的耐心,做出谦让。"⑤ 理查德·M.尼克松 1973 年结束越南战争。他的目标是:"在和平鲜为人知的地方,使之受到欢迎,在和平脆弱的地方,使之强大,在和平不确定的地方,让它永存。"罗纳德·里根在 20 世纪 80 年代后半期,与苏联领导人进行了一系列有关签订削减战略武器条约的谈判,他始终坚持在就职演讲中说的,"至于那些自由的敌人,那些潜在的对手,我们要提醒他们,和平是美国人民的最高愿望"。理查德·M.尼克松和罗纳德·里根的行动使国与国之间相处和平,减少了矛盾,从而使经济迅速发展。

(3) **科教导致强盛**:科技一直是人类各项发展最重要的突破,而美国一直是科技行业的佼佼者,这多源于美国总统的重视。科技发达了,相关行业自然会被此促动从而迅速发展,经济更是随之突飞猛进。促使美国经济发展的最重要因素是美国采取的一系列发展科技的战略措施促进了产业结构的优化。科技的发达可使一个国家强盛,贸易往来也会更多,又使国家经济遥遥领先。美国公立、私立教育发展齐头并进,吸引各方面大量人才,为美国的各项事业发展注入长期的活力,使得各项经济得到紧密持续发展。① 肯尼迪总统在 1960 年代末实现人类登月,他一次又一次地说道:"首先,我深信我们的国家将在这个十年结束前完成一个目标,即让宇航员登陆月球并安全返回。没有任何单一的航天计划会比这个更能使人类振奋,也没有任何计划比此对远程宇宙探索更重要。也没有任何计划像登月一样昂贵且充满挑战。"这项伟大的壮举,使美国的更向前进了一步,促动其他产业发展,带动经济。② 威廉·J.克林顿在推动州教育改革和实施经济发展计划方面取得成就,他曾在演讲中表示:"后代是未来世界,为了他们,我们坚持我们的理想。""在这个新大陆,教育将是每个公民最珍视的财产,我们的学校将拥有世界最高的标准,点燃每个男孩女孩眼中希望的火花。高等教育的大门会向所有人开放。"③ 美国深陷大萧条以来最严重的经济危机时,总统奥巴马提出经济刺激计划,力图通过可再生能源等方面的科技发展刺激经济复苏,同时奥巴马也在演讲中说道:"我们要进一步利用阳光、风力和土壤为我们的车辆和工厂提供能源。"他从学校抓起,还加大对教育基础设施的投入。④ 美国的开国元勋们非常重视科技,美国的建国先驱就将教育作为立国之本,在第一部美国宪法中就提出"教育与科学事业不受任何干预独立发展"。美国高度重视人才建设,鼓励创造的学风以及重视大量外国人才的引进,为科技人才的培养奠定了坚实的基础。

(4) **成功的外交政策**:美国总统的外交政策使美国与其他邻国的关系得到持久稳定的发展,从而推动了经济贸易的往来,促动旅游业等发展,形成一条较为稳定的经济链。同时,部分外交政策更是加强了国家的独霸市场和对资源的占有。坚决抵制外来力量,独享的丰富资源使经济快速发展。① 富兰克林在就职演讲中曾说:"我将带领我们的国家奉行睦邻政策——这些国家严格奉行尊重自我,因而也尊重他国权利——他们尊重自己的义务,也尊重与世界邻国的协议中规定的神圣任务。"故此,他推行了《睦邻政策》,使美国与邻国保持和平,突出了旨在实现国家复兴和对外睦邻友好的方针,尊重与世界邻国的协议中的任务,使美国经济与邻国互通有无,大大促进经济的流通。② 理查德·M. 尼克松在外交方面,同中国关系正常化,发表了《上海公告》,也逐步将美国军队撤出越南。至此,这场美国历史上持续时间最长,也使这个国家陷入危机的战争结束,开启了与中国和越南友好经济的往来,也使国内的一部分经济危机解除。这些行动证实了他的思想:"没有任何东西可以替代日复一日甚至年复一年的耐心而持久的外交。"③ 詹姆斯·门罗颁布了"门罗主义",即南北州不容许由外来者开发,并声明"美洲大陆——根据他们所采取和主张的自由条件——从今以后不能再被看作是任何欧洲国家的未来殖民地"。④ 富兰克林·皮尔斯努力地打开日本国门。1854年,他与英国签订条约,使美国渔民可以在离加拿大沿岸不远地区捕鱼。⑤ 美国第 23 任总统本杰明·哈里森在就职时曾允诺"今后,我们将一如既往地全力维持并扩大与所有强国的友好关系……我们从不谋求控制或吞并任何弱小的邻邦"。他对外积极扩大美国影响,1889 年,哈里森政府在美国首都华盛顿召开了第一届泛美会议,会上做出决定,成立一个新闻机构,为美国和拉美国家之间加强联系铺平道路。哈里森政府还与许多国家签订了贸易互惠协定,使经济交易进一步加强。

7. 延伸及建议

(1) **基本国策**:计划生育,保护环境,对外开放,节约资源(保护资源),合理利用土地和切实保护耕地,男女平等,要切实执行。**建议**:基本国策的内涵要与时俱进,以是否有利于提高社会主义国家的综合国力、提高人民的生活水平、发展社会生产力、人民群众是否拥护为出发点。科教兴国战略,民主与法治,是和谐、可持续发展的基石。

(2) **和平政策**:中国基于自己几千年历史文化传统,基于对经济全球化本质的认识,对 21 世纪国际关系和国际安全格局变化的认识,对人类共同利益和共同价值的认识,郑重选择和平发展、合作共赢的决策。**建议**:在与他国交往上,不能以强欺弱,以大欺小，站在互相有矛盾的国家的各个立场上思考，尽量成为中立国。不恶意攻击他国，保证友好往来，互惠互利，相互进步，和平共处，与其他国家进行交流。充分考虑我国是个多民族国家，而少数民族政治、经济、文化发展相对滞后，宗教、习俗不同，多些尊重和理解，给予适当的优惠政策措施。

(3) **科教政策**：中国科学院成立后，又成立了国家科学技术委员会，从国家体制上加强了全国科学机构的管理与协调，形成了国防工业、产业部门、地方、高等院校、中国科学院五大科研体系。教育事业蓬勃，青壮年文盲基本扫除，义务教育全面推进，高等教育、职业教育也基本普及。**建议**：我国是个人力资源大国，要致力于创新人才的选拔和培养，完善创新教育机制的建立，为科技发展铺平道路。我国人均资源匮乏，只有建成人力资源强国，才能屹立于世界强国之林。

(4) **外交政策**：中国同周边国家的双边关系全面发展。坚持不懈地推动六方会谈，使朝核问题取得阶段性进展。巧妙运筹，使台海局势朝着有利于遏独、制独的方向发展。同菲律宾、越南在落实南海共同开发方面取得突破。同南亚各国的关系进一步加强。同俄罗斯战略协作伙伴关系进一步深化。同印度签署关于解决边界问题政治指导原则，两国合作全面发展。同欧盟就加强战略合作达成一系列重要共识。中美领导人频繁会晤，中美关系保持了稳定发展的势头。在中日关系上坚持原则，面向未来。**建议**：与世界上有重大影响的国家和集团积极往来；远交更要近交，奉行睦邻政策，创造良好的周边发展环境；重视与资源丰富的国家和地区发展经贸往来。维护国家与民族的尊严，人若犯我，必须有一定的反击。

8. **收获感受**

(1) 这次为了研究"从美国总统的演讲稿中探索美国经济发展迅速的原因"，采购了一套《美国总统就职演说》，共 4 本书，研读近 1 个月。罗斯福、林肯、华盛顿等无数杰出的美国总统的飒爽英姿令人着迷，政治才华令人敬佩，丰功伟绩令人惊叹。作为领导人，他们的努力造就了美国的辉煌，推动了美国经济的发展。在第一次论文试写中，我由于认识得肤浅，理解得不足，准备得不充分，写得很不理想。由于对世界的认识还基于主观的认识和少得可怜的客观知识上，这个问题对于我来说实在是太陌生，摸不着也看不透，想过放弃，想过退缩。在老师的鼓励下又振作起来，重新查阅资料，积极询问老师、家长，品味书中的神奇。终于新的研究报告诞生了。这个艰难过程告诉我们，成功没有捷径，只有不断坚持，不断努力，永不放弃，以毅力与信心、行动与梦想去战胜困难，才能到达成功的彼岸。

(2) 通过对《美国总统就职演说》的阅读以及对他们所取得的成就的比较，不难发现，美国总统辉煌成就的来源更多一部分是他们对在演讲中做出的承诺的履行和目标的制定。我们深深感叹，目标对于一个人是如此重要！也因为这样，我们更学会了做什么都要去明确目标，制定一个切实可行、适合自己的目标，并持之以恒地去追求。这次课题研究不仅丰富了我的课外知识，还培养了我的世界观和对事物的分析能力，增强了自信。我要好好学习，长大后成为祖国栋梁，为这个悠久国度坐上世界强国的宝座献出自己的一份力！

第二节 实地调查

小故事

关注社会

张以恒是一位关注社会问题的学生,他调查发现扬州的私家车越来越多,市区的道路几乎每天都会发生交通拥堵的情况。一旦堵车,尤其是公共汽车这样的交通工具肯定会延误到站时间,造成乘车市民的不便。市政府为了提高出行效率,修建了城际快速公交专用车道。但自2013年9月20号通车以来,网络上关于快速公交专用车道的争论一直不断。有人说这项工程方便了群众,也有人说这项工程破坏了原本的道路,影响了城市绿化。面对这样的争论,张以恒决定利用国庆假期做一个关于新建快速公交专用车道之后普通车辆与公交车通行效率的实地调查。他从调查"普通客车与公交客车通过路口的数量、普通客车与公交客车载客的数量、普通车辆与公交车的行驶速度"这3组数据入手,对扬州实施的快速公交专用车道提出了建议,撰写成《关于文昌路快速公交运行状况调查建议》,参加第九届中国少年科学院"小院士"课题研究成果展示与答辩活动,荣获全国二等奖,他也因此被聘为中国少年科学院"预备小院士",如图2-2-1所示。

图 2-2-1

点金石

实地调查

张以恒同学在文昌西路与新城河路的交叉口(水利岗)、文昌中路与大学路的交叉口(京华岗)、文昌东路与观潮路的交叉口(鸿泰岗)进行观察,如图2-2-2所示。对这 3 个路口在连续 5 个绿灯期间,一个公交专用车道与普通车辆的直行双车道所通过的车辆进行统计,每个路口用时大约 10 分钟,并将统计数据画成直观的图像进行比较,如图 2-2-3 所示。去现场了解,从中获得直接、生动的感性认识和真实可靠的第一手资料,这就是实地调查。其优点是调研内容生动、直观。缺点是要花费较多调研时间,且调研真实性跟调研人的主观性联系较大。而且用该法所观察到的往往是事物的表面现象或外部联系,带有一定的偶然性,且受调查者主观因素影响较大,因此,不能进行大样本观察,须结合其他调查方法共同使用。这种调查方法通常适用于那些不能够、不需要或不愿意进行语言交流的情况。

实地调查法就是自己通过身临其境地去现场了解,掌握第一手资料的调研方法,是应用客观的态度和科学的方法:对某种社会现象,在确定的范围内进行实地考察,并搜集大量资料以统计分析,从而探讨社会现象。实地调查是在传播研究范围内,研究分析传播媒介和受传者之间的关系和影响。

图 2-2-2

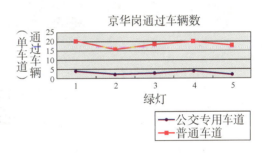

图 2-2-3

实地调查的目的不仅在于发现事实,还在于将调查经过系统设计和理论探讨,并形成假设,再利用科学方法到实地验证,并形成新的推论或假说。

信息窗

调查要点

1. 方法类型

实地调查法有 3 种:现场观察法、采访调查法和现场问答法。

(1) **现场观察法**:是调查人员凭借自己的眼睛或借助摄像器材,在调查现场直接记录正在发生的行为或状况的一种有效的收集资料的办法。其特点是被调查的对象是在不知晓的情况下接受调查的。例如顾诗轩同学在"扬州市维扬路路面损坏情况调查研究"中,在欧尚超市东门前现场拍摄到了由于人为开挖和切割缝后回填不密实,水分进入引起路面结构层强度降低,边角部分产生破坏,道路两边的生活设施与下水管道连接时开挖的路面修复比较粗糙,以及宝带小区西大门前非机动车道上的"拉链"路等照片(如图2-2-4所示),十分难看。

图2-2-4

(2) **采访调查法**:是指将所调查的事项,以当面采访的形式向被调查者提出问题,以获得所需的调查资料的调查方法。这是一种最常用的实地调查方法,也可以说是一种特殊的人际关系或现代公共关系。正因如此,调查人员应该清楚地认识到:通过调查不仅要收集到所期望的资料,而且还要在调查中给调查对象留下良好的印象。例如路远同学骑自行车行驶在非机动车道时,常常发现同方向行驶在机动车道的汽车在右转弯驶入道路小岔路口时,发生与电动车、自行车相碰的现象。为了弄清楚此类道路到底有多大隐患,她实地采访了市区交警支队的交警,走访了邗江交警大队方巷中队的队长范英杰。范队长给她提供了槐泗镇的区域图和事故多发地段(如图2-2-5所示),还手绘了事故多发路段的道路交通图,并对她问询的问题进行了认真的思考和解答(如图2-2-6所示)。

图 2-2-5

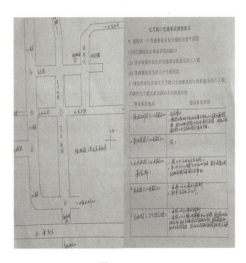

图 2-2-6

（3）**现场问答法**：其本质就是问卷调查法，在一般进行的实地调查中，该法的采用最广。

2. 调查步骤

实地调查的进行从确立目的到提出报告与追踪，可分为下列 5 个步骤。

（1）**确立调查目的**：你在进行调查构想时，必须先从"问题分析"着手，确定调查的目的后，方可着手调查的准备工作，以避免调查方向错误。例如张以恒同学针对网络上有关扬州快速公交专用车道的争论，从该项工程到底是"方便了群众还是破坏了原本的道路而影响了城市绿化"等问题分析入手，决定利用国庆假期做一个关于新建快速公交专用车道之后，普通车辆与公交车通行效率的调查研究，并以此为目的，进行调查的准备工作。

（2）**决定调查方法**：调查方法的决定，是指在调查前，对调查工作项目做一个完整规划,以期以最合理的成本、最合宜的方式及最适当的时间来执行实地市场调查,进而获得最适用而科学的资讯。例如张以恒同学对"快速公交专用车道"运行情况的调查,选择扬州市的文昌东路、文昌中路和文昌西路为调查对象,并围绕"普通客车与公交客车通过路口的数量、普通客车与公交客车载客的数量、普通车辆与公交车的行驶速度"这3个问题进行实地调查。

(3) **展开实地调查:** 进行调查时,宜审核调查结果,减少非统计性偏差至最低,以增加抽样调查精准度。展开调查后,应掌握调查进度,促使调查工作如期完成,以求实际效果。例如张以恒同学在其爸爸妈妈的陪同下,于2013年10月2日下午3点至5点分别到文昌西路与新城河路的交叉口(水利岗)、文昌中路与大学路的交叉口(京华岗)、文昌东路与观潮路的交叉口(鸿泰岗)进行观察,对这3个路口在连续5个绿灯期间,一个公交专用车道与普通车辆的直行双车道所通过的车辆进行统计,每个路口用时大约10分钟。

(4) **进行统计分析:** 当实地调查完成时,搜集的所有访问表格只是一堆资料而已。研究人员必须对所有搜集来的资料加以编辑、组织及分类与制表,方能使调查资料变成可供分析解释的信息。此资料整理阶段,可包括下列程序:① 编辑:剔除不可靠、不准确及与调查目的无关的资料,使剩余资料都为有排列性、可靠的、有参考价值的资料。② 汇总及分类:将调查资料先按大类分门别类加以汇总,再将大类资料依调查目的更为详细地分类。③ 制表:将分类后资料分别进行统计及汇总,并将汇总结果以统计数字形式表示。制表方式分为:a. 简单制表,是将答案一个一个分类而组成统计表。b. 交叉制表,是将两个问题之答案联系起来,以获得更多的信息。c. 多变数间关系分析,将两个以上问题之答案联系起来,以取得更多信息。方法有因子分析、回归分析、组群分析等。现在只要将问卷答案输入电脑,经由 SPSS 套装统计软件,就可打印成表,统计方便且正确性颇高。④ 统计资料之阐释:经对资料搜集、整理和分析之后,最终提出调查结论并解释结论的内涵。例如,张以恒同学对普通客车与公交客车载客的数量进行了统计,发现在道路上行驶的公交车没有普通车辆多。但公交车承载的人数要大于普通车辆。经向公交车驾驶员叔叔了解,不同的类型的公交车载客数量是不同的,而且在乘车高峰期和低峰期的载客量也不相同。平均下来,一般公交车的载客人数是50人。经过在路面上实际观察并测算,每辆普通车辆平均载客4人。所以,他根据车辆载客数量的不同,对在上述的3个路口实际统计到的普通车辆和公交车载客人数进行了对比,如图2-2-7所示。通过对比发现,虽然在同一时间段内通行的普通车辆比公交车数量要多,但因为它们载客能力不同,实际上通过路口的公交车的载客数量要比普通车辆的载客数量多。

(5) **提送调查报告:** 在撰写实地市场调查报告时,应该对下述内容多予以加强,使报告内容更加充实。① 提出建议必须能确实掌握企业状况及市场变化,使建议有付诸实行之可能。②建议付诸实行之程序要能具体清楚地叙述。③应列举具体的利益以支持建议内容，必要时应附上"成本效益评估建议书"。④调查内容要包括市场可能的变化及推论。⑤建议应综合渐进，不可只提单一建议。例如，张以恒同学通过上述调查，撰写成《关于文昌路快速公交运行状况调查建议》，最后提出如下建议：①经过调查发现，公共交通工具的通行效率明显高于普通车辆，建议广大市民在出行时尽量选择乘坐公交车，既节省了时间，

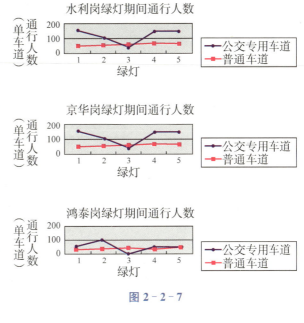

图 2-2-7

又节约了能源。②根据统计的数据发现，我市的公交车数量太少，不能满足市民出行需要，建议增加公交车数量和线路，方便市民出行。

演练场

小试牛刀

请你根据本节的小故事，结合上述实地调查的实例，撰写一篇"我的实地调查实践"千字文，让你的父母对其做出"合格、优秀、点赞"的评价。

展示台

调查报告

这是董欣航同学经过现场调查而撰写的一份调查报告，该成果获中国少年科学院"小院士"课题研究成果二等奖，他也被聘为中国少年科学院预备小院士。如图 2-2-

63

8所示。其调查报告如下所示。

图 2-2-8

关于 328 国道扬子江南路交叉道口的交通现状调查

扬州中学教育集团树人学校学生　董欣航

摘要：328 国道扬州段南移了约 1.5 km，并重新建设了新的江六高速（沪陕高速江六段）取代南绕城高速。自通车以来，经常发生拥堵现象，交通事故频发。本文从学生角度进行调查分析。

关键词：交通　规划设计

一、328 国道的由来

328 国道为国家道路，原先的 328 国道扬州段是现在的江阳路，由于城市的发展，328 国道被包入市区内，长期的大车通行，给城市交通和管理带来极大不便，因此，在 2013 年政府利用了原先的南绕城高速，将 328 国道南移了约 1.5 km，并重新建设了新的江六高速（沪陕高速江六段）以取代南绕城高速，如图 2-2-9 所示。

图 2-2-9

二、扬子江南路的历史交通状况

扬子江南路一直是纵贯扬州市的南北方向上的主干道，南接扬州港，北面直通市区,承担着扬州市区及周边城市大量的货物运输工作,大型运输车多。此外,在扬子江南路周边有富川瑞园、金地艺境、九龙湾润园、依云城邦、美景云天等生活小区,有大量居民在城市工作,扬子江南路是其上下班的必经之路。在328国道建成前,扬子江南路每天的车流量就很大,经常发生拥堵现象,交通事故频发。自从2013年8月8日新328国道扬州段连接线建成通车到2017年5月,已经发生了致人死亡的车祸3起,其他大大小小的车祸若干。(如图2-2-10所示)

图2-2-10

三、328国道与扬子江南路建设中留下的弊端

(1) 红绿灯多。与328国道交叉的扬子江南路附近一公里范围内设置有5个红绿灯,且红绿灯设置时间短,易引起严重拥堵。尤其是兴扬路路口红绿灯距328国道路口仅200多m,造成大量车辆积压,影响南北向车道正常通行(图2-2-11)。

(2) 328国道与扬子江南路交界处有两条直行道,左拐弯和左边的直行道共用一条车道,右拐弯和右边的直行道共用另一条车道。信号指示灯不带指示箭头,绿灯亮时左转弯和直行道同时放行,使得左转弯车流与对面的直行车流发生干涉,严重影响通行。扬子江南路道口南端桥墩靠近转弯道口,限制拐弯车流,大型运输车转弯半径大,转弯不便,使拥堵更加严重。

图2-2-11

四、交通现状

1. 上下班高峰期路堵严重,节点为 7:30~8:00,17:10~17:40,节假日时间不定。
2. 紧靠江六高速入口,车流量大。

图 2-2-12

图 2-2-13

3. 沿江公路东端与江都连接不合理,导致大量车辆选择在 328 国道通行,行人和非机动车的交通安全意识差,闯红灯现象普遍,尤其是非机动车进入国道,使交通事故频发,如图 2-2-12 至图 2-2-14 所示。

4. 再从卫星视图看交叉路口情况,如图 2-2-15 所示。

图 2-2-14

江六高速与扬子江南路的交叉口卫星视图

扬子江南路与328国道的交叉道口卫星视图

图 2-2-15

五、问卷调查

活动时间:2014 年 9 月 5 日

访问对象:来校接学生回家的家长、下班的老师及部分 17 路公交车司机和乘客。

访问人数:86 人

访问目的:了解其长期经过扬子江南路新 328 国道交叉道口的经历,以及他们对缓解交通拥堵的态度及对策访问统计结果如表 2-2-1 所示。

表 2-2-1

数　据	结果解读
1. 您是否每天都经过扬子江南路新 328 国道交叉道口？ 是（25 人——29.07％） 否（61 人——70.93％）	调查对象基本满足问卷要求
2. 与 328 国道开通前相比，现在的道口交通更拥堵吗？ 是（85 人——98.84％） 否（1 人——1.16％）	表明新 328 国道开通后，造成扬子江路拥堵比之前严重
3. 您认为最拥堵时间段是（可多选） A. 6:50～7:20（2 人——2.33％） B. 7:20～8:00（83 人——96.51％） C. 8:00～8:30（24 人——27.91％） D. 16:50～17:20（27 人——31.40％） E. 17:20～18:00（80 人——93.02％） F. 18:00～18:30（6 人——6.98％） G. 18:30～19:00（2 人——2.33％） H. 其他时间段（18 人认为节假日较拥堵——20.93％）	拥堵严重时间为上下班高峰
4. 您认为该道口交通拥堵影响您的生活质量吗？ 是（52 人——60.47％） 否（34 人——39.53％）	道路拥堵基本对大多数人带来生活上的不便
5. 您希望通过以下哪种方法缓解该道口交通拥堵？（可多选） A. 改建高架（22 人——25.58％） B. 改建地下通道（48 人——55.81％） C. 拓宽南北向路面（68 人——79.07％） D. 增加道口监控（5 人——5.81％） E. 其他（17 人——19.77％）	建议既现实，又朴实

续表

数 据	结果解读
6. 您对规划部门当初的道口设计满意程度是 A. 满意(0) B. 不满意(22人——25.58%) C. 非常不满意(61人——70.93%) D. 说不清(3人——3.49%)	建议规划部门要实地调查，规划要有前瞻性

六、实地考察

首先从卫星图确定考察地点，选取南北方向作为重点，进行实地调研。发现的主要问题是：

1. 红绿灯多，与328国道交叉的扬子江南路附近一公里范围内设置有5个红绿灯，且红绿灯设置时间短，易引起严重路堵。尤其是兴扬路路口红绿灯距328路口仅200多m，造成大量车辆积压，影响南北向车道正常通行。

2. 328国道与扬子江南路交界处有两条直行道，左拐弯和左边的直行道共用一条车道，右拐弯和右边的直行道共用另一条车道。信号指示灯不带指示箭头，绿灯亮时左转弯和直行道同时放行，使得左转弯车流与对面的直行车流发生干涉，严重影响通行。

3. 扬子江南路上（道口南端）桥墩靠近转弯道口，由六车道变为四车道，同时限制拐弯车流，大型运输车转弯半径大，转弯不便，使拥堵更加严重。（如图2-2-16）

红绿灯多

路口中间伤痕累累的桥墩

图2-2-16

车流量统计

选取不同时间段和不同路口统计车辆流量（按某个红绿灯时间间隔计算，时间为2014年9月17日，星期三）。扬子江南路与328省道交叉道口红绿灯时长东西30 s，南北直60 s，南北转15 s，黄灯5 s。其记录数据如表2-2-2所示。

表 2-2-2　　　　　　　　　　　　　　　　　　　　（单位：辆）

时间	向南	向北	北向南左转	南向北左转	向东	向西
6:40	8	15	0	1	9	8
7:20	31	18	3	2	13	17
7:40	38	17	2	5	23	20
8:00	35	28	3	7	25	24
8:40	9	12	5	4	19	24
9:10	7	8	2	0	13	10
9:40	8	8	3	2	9	11
12:00	10	9	2	2	8	5
15:00	4	13	3	3	12	12
17:00	12	25	3	4	15	21
17:30	29	35	5	6	25	23
18:00	13	28	3	6	24	25
18:40	5	12	1	3	18	15

七、问题发现

1. 上下班高峰期路堵严重，节点为 7:30～8:00，17:10～17:40，节假日时间不定。南北向影响不大。

2. 紧靠江六高速入口，车流量大。

3. 沿江公路东端与江都连接不合理，导致大量车辆选择在 328 国道通行，行人和非机动车的交通安全意识差，闯红灯现象普遍，尤其是非机动车进入国道，使交通事故频发。

八、小结与建议

通过调查研究，我认为城市建设必须充分考虑现状和发展趋势，尽量采用相对超前的设计，要考虑到未来 3～5 年甚至更长远的状况。如果不经考虑或考虑不周就实施建设，未来必会有更大的隐患。当然现实情况已如此，建议政府部门考虑：

1. 路面适当拓宽为三车道或四车道，使左转弯道及右转弯道各单为一道，同时将红绿灯改为三向信号灯，避免转弯时左转弯与直行道互相干涉。

2. 设置高架或下行通道。高架建造成本高于下行通道，但下行通道在雨天易积水，可用水泵解决此问题。虽然成本较高，但这也许是最根本的解决方案。

3. 加强管制和交通安全意识的宣传。

九、参考资料

[1] 百度百科 http://baike.baidu.com/view/157825.htm.
[2]《扬州晚报》2014年05月19日 A4版.

第三节　访谈调查

小故事

央视访谈

2013年6月20日上午,中央电视台新闻频道播出"太空课堂"后,树人学校初三学生刁逸君作为孩子的代表,介绍了她的发明梦想,如图2-3-1所示。

刁逸君是树人少科院牛顿分院院长,中央电视台对她的介绍视频,源自央视新闻频道记者亲临树人学校进行的现场访谈及摄像,如图2-3-2所示。

图2-3-1

图 2-3-2

刁逸君同学已拥有 60 多项发明,"计时计数跳绳""智能热奶器""垃圾处理装置汽车""菜汤方便分离勺"等发明无一不体现出她的奇思妙想。

央视新闻频道记者亲临树人学校进行现场访谈是源于 2013 年 3 月份,国家知识产权局发函到市知识产权局和树人学校,邀请刁逸君参加国知局开放日活动,如图 2-3-3 所示。国家知识产权局局长田力普接见了刁逸君。在 4 月 27 日的国家知识产权局第 7 个开放日,刁逸君作为唯一的学生代表,做了"我的发明故事"主题报告。在随后举行的中国知识产权资讯网开通上线仪式上,刁逸君还受到国家知识产权局副局长鲍红的邀请,一起点击开通了"中国知识产权资讯网"。

图 2-3-3

 点金石

访谈调查

无论是央视新闻频道的记者,还是国家知识产权局的邀请,所涉及的内容及其照片视频,都来源于现场调查的访谈方法,即访谈调查法。

访谈法是一种比实地观察更深一层次的调查方法。它能获得更多、更有价值的信息,适用于调查的问题比较深入、调查的对象差别较大、调查的样本较小,或者调查的场所不易接近等情况,正因为如此,访谈法往往被新闻媒体采用。例如中央电视台的节目《焦点访谈》《艺术人生》,还有名人的专题访谈节目,如董卿的《朗读者》、杨澜的《杨澜访谈录》、鲁豫的《鲁豫有约》等。

访谈法运用面广,能够简单而迅速地收集多方面的工作分析资料,因而深受人们的青睐。为了避免只凭主观印象,或谈话者和调查对象之间毫无目的、漫无边际地交谈,事先要准备好谈话计划,包括关键问题的准确措辞以及对谈话对象所做回答的分类方法,也就是说要事先做好充分的准备。例如,中央电视台对刁逸君进行采访,事先就打电话与树人学校取得联系,确定了如下内容:① 谈话进行的方式;② 提问的措辞及其说明;③ 必要时的备用方案;④ 规定对调查对象所做回答的记录和分类方法;⑤ 要求学校提供刁逸君的发明资料及其实物、陪同访谈的学生等(如图2-3-4所示)。

图2-3-4

利用该法时,往往出现的问题是:访谈时总想跳过制订谈话计划这一步而进入具体实施阶段,事先准备不充分,因而不能收到预期效果。一个不愿思考问题、不善于提出问题的人,在研究工作中是很难有成功的希望的。

为了避免出现问题,在访谈之前应做好收集材料的工作:① 对受访人的经历、个性、地位、职业、专长、兴趣等有所了解;② 要分析受访人能否提供有价值的材料;③ 要考虑如何取得受访人的信任和合作;④ 在访谈时要掌握好发问的技术,善于洞察被访者的心理变化,善于随机应变,巧妙使用访谈方法等。

信息窗

访谈特点

1. 访谈形式

访谈调查是采访人通过和受访人面对面地交谈来了解受访人的心理和行为的基本研究方法。因研究问题的性质、目的或对象的不同,访谈法具有不同的形式:有正式的，也有非正式的；有逐一采访询问的，也有开小型座谈会的。在访谈过程中，尽管谈话者和听话者的角色经常在交换，但归根到底，采访人是听话者，受访人是谈话者。访谈以一人对一人为主，但也可以在集体中进行。

（1）**以访谈结构分**：可分为结构型访谈和非结构型访谈。结构型访谈的特点是按定向的标准程序进行，通常采用问卷或调查表。非结构型访谈为没有定向标准化程序的自由交谈，如央视新闻频道的记者对刁逸君的访谈。

（2）**以受访人数分**：可分为个人访谈和团体访谈。其中的个人访谈是一个人，也可以是几个人，如央视新闻频道的记者对刁逸君的访谈，虽然有 3 个学生参与，但是访谈的对象只有刁逸君一个人，其余两个学生充当的只是配角。

（3）**以主导程度分**：根据采访人掌握主导性的程度，可分为指导性访谈和非指导性访谈。上述的央视新闻频道的记者对刁逸君的访谈就属于指导性访谈。

（4）**以作用方向分**：根据访谈内容的作用方向，可分为导出访谈（即从受访人那里引导出情况或意见）、注入访谈（即采访人把情况和意见告知受访人），以及既有导出又有注入的商讨访谈。

商讨访谈中，所商讨的内容以受访人为中心时，称为当事人本位访谈；以问题事件为中心时，称为问题本位访谈。

2. 访谈步骤

（1）**设计访谈提纲**：① 访谈目的；② 访谈对象；③ 访谈人员；④ 访谈时间；⑤ 访谈主要内容，依照一张可以核对和比较的工作分析调查问卷来进行访谈提问，主要包括工作的职责等与工作分析相关的内容；⑥ 访谈准则以及访谈问题等。

（2）**恰当进行提问**：如：① 您的日常工作需要哪些同级部门和人员的配合与协作，您的工作又配合了哪些部门或人员的工作？② 您工作中哪些方面需要经常与哪些机构或人发生联系？③ 为了完成岗位的工作，您都拥有哪些权限？（如招聘专员在职位申请者面试工作中拥有组织权，在建立公司招聘制度活动中拥有制定权等）④ 您日常工作都是被安排在什么时间？⑤ 您工作场所的环境如何？（噪音、温度、湿度、照明、污染、辐射、视疲劳、颈疲劳、粉尘、空调等）⑥ 您在这个岗位上任职多长时间？您认为在这个岗位上工作需要具备哪些方面的知识？应具备哪些能力？

（3）**准确捕捉信息**：针对上述提问，及时收集有关资料，并适当地做出回应，及时做好访谈记录，一般还要录音或录像。

（4）**留下联系方式**：访谈结束，有礼貌地请访谈人看一下访谈记录，确认无误后，请对方留下联系方式，以便日后有不明之处再回访，最后道谢！

3. 访谈层次

访谈法收集资料的主要形式是"倾听"。"倾听"可以在不同的层面上进行，包括 3

个层次：

(1) **态度层面**：访谈者应该"积极关注地听"，而不应该"表面地或消极地听"。

(2) **情感层面**：访谈者要"有感情地听"和"共情地听"，避免"无感情地听"。

(3) **认知层面**：要随时将受访者所说的话或信息迅速纳入自己的认知结构中加以理解和同化，必要时还要与对方进行对话，与对方进行平等交流，共同建构新的认识和意义。

演练场

小试牛刀

请你根据本节的小故事，结合上述访谈调查的实例，撰写一篇"我的访谈调查实践"千字文，让你的父母对其做出"合格、优秀、点赞"的评价。

展示台

调查报告

这是王定宇同学撰写的"关于扬州市绿化情况的调查报告"，其成果获中国少科学"小院士"课题研究成果一等奖，他也被聘为中国少科院小院士，如图 2-3-5 所示。

一、课题的提出

作为全国闻名、世界有影响的园林城市，扬州不仅具有广义上园林所指的城市绿化，也有历史悠久、文化底蕴深厚的私家园林。2017 年扬州市秉承"打造绿杨城郭，建设林水之州"的宗旨创建森林城市。城市重点实施"一环一区二河三路多点"绿化美化工程，实现景观自然过渡及城区单位小区的绿化美化。这就对市民

图 2-3-5

的绿化意识提出了很高的要求。截至 2010 年年底，全市森林覆盖面积为134 004公顷，森林覆盖率达 20.2％，森林-湿地覆盖率达 51.2％，陆地森林覆盖率达 35.1％；市区建成区绿化覆盖面积3 579万平方米，绿化覆盖率47.72％，绿地面积3 340万平方米，绿地率 44.53％；市区人均公共绿地面积达 13 平方米；已经达到了创建国家森林城市的标准。但是对于一个有着2 500年历史的古城来说，这些是远远不够的。所以我们采访了扬州市绿化局，了解了关于绿化树种的信息，也走上街头，实地观察、采访，询问市民，发现了许多方面存在的漏洞。

二、研究的意义

扬州曾荣获联合国"最佳人居奖"，城市绿化显然是这座城市的一大亮点，扬州也正在创建国家森林城市。但在城市中，我们仍能发现一些不尽如人意之处。为了对扬州市的绿化树种进行总结与改进，我们进行了本课题的调查研究，这对"三个扬州"的建设，对今年的四城同创（森林城市、生态城市、文明城市、申遗城市），都有重要的意义。

三、研究的内容

1. 扬州市基本绿化树种。
2. 扬州市绿化植物多样性规划原则。
3. 给扬州市绿化部门的建议。
4. 对未来城市绿化的设想。

四、研究的方法

我们采访了扬州市绿化局，了解了关于绿化树种的信息，也走上街头，实地观察、采访，询问市民，发现了许多地方存在的漏洞。

五、研究的过程

1. 调查扬州市基本绿化树种

扬州市基本绿化树种如图 2-3-6 所示。

2. 扬州市绿化植物多样性规划原则

（1）以乡土树种为主，适当引进外来树种，以满足不同的城市绿化要求。
（2）生态功能与景观效果并重，兼顾经济利益。
（3）充分考虑扬州的气候条件，突出观花、遮阴乔木，形成特色。
（4）适地适树，优先选择抗逆性强的树种。

图 2-3-6

(5) 城市绿化的种植配置要以乔木为主，乔、灌、藤、草相结合。

3. 扬州市特色绿化

(1) 扬州市树：银杏、杨柳

① 银杏：扬州文化昌盛，庙宇园林林立，是我国园林名胜荟萃之地，且城内古银杏

众多,是扬州市城市景观一大特色。宋诗人晁补之《扬州杂咏》诗云:"五百年来城郭改,空余鸭蹼伴琼花。"诗中鸭蹼即为银杏树。这说明 1 000 多年前,银杏和琼花在古城世事变迁中一直是城市的主要景观。时至今日,扬州城内银杏古树数量之多,仍列江苏省城市之冠。据统计,扬州城内保存的百年至千年以上的古银杏,数量达百株。其中,主要的几处是:a. 浮山观古银杏。在扬州市区石塔路的安全岛上,从东到西有古银杏 3 株,并有唐开成三年(838 年)所建石塔(舍利塔),都是浮山观的旧物。古银杏和古石塔矗立在新拓道路中央,成为古城建设中保护文物古迹的佳话,更使文化古城增添了古色古香的风采。据考证,石塔系宋嘉熙年间(1237—1240 年)从古木兰院[南朝元嘉十七年(440 年)所建古寺]迁移而来,而银杏树系唐代建浮山寺时所栽,树龄已千年以上。此外,原浮山寺遗址内尚有古银杏 7 株。石塔路东首的古银杏,树高 20 米,冠幅 18 米,树主干从中心劈裂为二,分向南北倾斜,形成"V"字形,据说是抗战期间一次雷击造成。其时树干心材劈下两片,一片长 6 米,宽 1.5 米,厚 0.2 米;另一片长亦 4 米有余,坚如石片。后为瘦西湖公园收集,在园内小南海制作"枯木逢春"园景小品。两片木石纹理清晰。无一处线条相同,木纹如画之皴法,古拙雅健。b. 西方寺古银杏:西方寺建于唐开元十三年(725 年),明洪武年间重建,现用作扬州八怪纪念馆。千年古刹唯余古银杏一株,树高约 20 米,树围 3.6 米,树势健旺。c. 仙鹤寺古银杏。扬州仙鹤寺建造于南宋德祐元年(1275 年),由阿拉伯人普哈丁(古大食国人,伊斯兰教始祖穆罕默德十六世裔孙)创建。全寺形如仙鹤,有鹤首、鹤颈、鹤翅、鹤趾、鹤尾布局,但又保留阿拉伯圆穹顶、尖拱门、斜立柱、望月亭等传统风格。仙鹤寺内有古银杏 1 株、古桧柏 2 株。仙鹤寺的古银杏,树龄 720 多年,大逾围合,浓荫蔽天。它和普哈丁墓园上的古银杏一样,是中国人民和阿拉伯人民自古以来友好往来文化交流的历史见证。

② 杨柳:关于扬州柳树的来历,民间有一传说。当年隋炀帝开凿大运河巡游江都,水上宫殿有数百艘之多,这些水上宫殿需要纤夫拉动。隋炀帝为了"赏心娱目",指定要宫女拉纤。为了挡风遮阳,皇上下令沿河栽树。栽什么树呢?这可大有讲究!因为一来皇帝催得紧,他要赶到扬州过中秋,时不我待,这树必须长得快;二是栽种量大,大运河千把里路呢,这树栽了要容易活;三是因为栽在河边上,这树还要不怕水淹。选来选去,选中了柳树,向皇上一报,皇帝说:"嗯,此树甚好,就栽柳树,明天举行一个首栽仪式。"于是,第二天在洛阳举行了一个隆重的首栽式,隋炀帝亲手插下第一株柳枝,并赐此树姓"杨"。很显然,这个传说是后人编派出来损毁杨广的,因为早在《诗经》中就有"昔我往矣,杨柳依依"之描写了。尽管杨柳的得名与史实不符,但是,隋炀帝开凿大运河时,在河边上栽种了大量杨柳确是事实。有白居易《隋堤柳》为证:"隋堤柳,岁久年深尽衰朽,风飘飘兮雨萧萧,三株两株汴河口……大业年中炀天子,种柳成行夹流水,西自黄河东至淮,绿影一千三百里。"运河开通之后,隋炀帝曾三次乘龙舟巡游江都

(扬州),因其过度荒淫奢靡,最终落得身死扬州、国破家亡的结局。唐代诗人罗隐说他"君王忍把平陈业,只搏雷塘数亩田"。而杨柳则不幸从此在文人墨客笔下成了隋炀帝的"替罪羔羊",很多文人将杨柳视为隋朝亡国的象征。如刘禹锡诗云:"扬子江头烟景迷,隋家宫树拂金堤。嵯峨犹有当时色,半蘸波中水鸟栖。"皮日休诗云:"万艘龙舸绿丝间,载到扬州尽不还。"李商隐诗云:"于今腐草无萤火,终古垂杨有暮鸦。"白居易说得更直白:"后王何以鉴前王,请看隋堤亡国树。"

有人认为,扬州之得名即与杨柳有关。北宋沈括的《梦溪笔谈》中就有记载:"扬州宜杨。"杨柳不仅成为装点扬州城市的特色绿化,而且形象地展现了这个城市的美学风格。它的柔干长条、翠枝绿叶,正是精致扬州、秀美扬州的物化表征。

"街垂千步柳,霞映两重城",这是杜牧对扬州的记忆;"暖日凝花柳,春风散管弦",这是姚合对扬州的感受;"青春花柳树临水,白日绮罗人上船",这是杜荀鹤眼中扬州的浪漫。北宋扬州太守欧阳修曾在平山堂"手种堂前垂柳";他的学生苏轼在欧公逝世后来凭吊时触景生情:"欲吊文章太守,仍歌杨柳春风"。清代乾隆皇帝多次下江南巡游扬州,他也十分喜欢婀娜多姿的垂柳,所以当地官员和盐商在瘦西湖两岸广植柳树,使瘦西湖"两堤花柳全依水,一路楼台直到山"。扬州的二十四景中,以杨柳的意象命名的就有"长堤春柳""绿杨城郭"等。

(2) 扬州市花:芍药、琼花

① 芍药:扬州栽培芍药始于隋、唐,但尚未昌盛,到了北宋,经花农的精心培植,已使扬州的芍药盛况空前,成为"天下之冠"。民间历来把牡丹与芍药并称为"花中二绝",把牡丹推崇为"花王",芍药为"花相"。

宋代的扬州芍药,栽植数量达数十万株。为便于人们观赏芍药,禅智寺还建有芍药厅和芍药台。蔡京在扬州做太守时,为了提高扬州芍药的声誉,便模仿洛阳的牡丹花会,在扬州搞起了"芍药万花会"。每到花会,采摘十多万枝芍药花,邀请宾客到会品赏。一时间,高朋满座,五彩缤纷,众口赞艳,满室清香。北宋文学家晁补之的《望海潮·扬州芍药会作》写道:"年年高会维阳,看家夸绝艳,人诧奇花。结蕊当屏,联葩就幄,红遮绿绕华堂。花面映交相,更秉观洏,幽意难忘。罢酒风亭,梦魂惊,恐在仙乡。"苏东坡做扬州太守时,取消了万花会。

北宋庆历年间,扬州知府韩琦(即韩魏公)所住的园中,有一株芍药长出四个头,每个头上各开了一朵鲜红的大花,每朵花的花瓣中间有一道金黄色的条纹相贯。似金带相系(即"金带围")。韩琦见此,便邀请在扬州的京官大理寺丞陈升之、大理寺通判王珪、大理寺金判王安石,聚会赏花,四人各取一枝戴在头上,不期四人先后做了宰相。这就是流传后世的"四相簪花"。

后来,宋金战争使扬州几成废墟,芍药自然也受到了很大的摧残。

扬州芍药经过历代的培植,品种不断翻新。据有关资料记载,宋代扬州芍药有

32种,至清末民初品种已达80种,是全国芍药品种最多的地方。其中,胭脂点玉、铁线紫、紫金冠、白云楼台、观音面(又称"铁观音")、虎皮交辉、金玉交辉、金带围,为扬州八大名贵芍药品种。扬州芍药,现今仍在城东乡曲江公园,瘦西湖风景区内的芍药圃、二十四桥景区,以及学校和不少庭院栽培。

② 琼花:琼花是我国的千古名花。宋朝的张问在《琼花赋》中描述它是"俪靓容于茉莉,笑玫瑰于尘凡,惟水仙可并其幽闲,而江梅似同其清淑"。的确,琼花以它那淡雅的风姿和独特的风韵,以及种种富有传奇浪漫色彩的传说和迷人的逸闻逸事,博得了世人的厚爱和文人墨客的不绝赞赏,被称为稀世的奇花异卉和"中国独特的仙花"。

扬州市的古树名木数量极为巨大,政府出台了许多法规进行管理,市民也自觉爱护,所以扬州市古树名木的现状极为乐观,许多千年或近千年的树木仍生机勃勃,如表2-3-1所示。

表 2-3-1

编号	中文名	别名	拉丁名	树龄	树高	树围	冠幅	具体生长位置	管护单位(人)
扬城001	银杏	白果	*Ginkgo biloba* L.	1 020	15	148	15	石塔寺	市区绿化队
扬城002	国槐	本槐	*Sophora japonica* L.	1 020	8	100	6	驼岭巷10号	市区绿化队
扬城003	银杏	白果	*Ginkgo biloba* L.	820	18	163	14	江苏省武警医院	江苏省武警医院
扬城004	紫藤		*Wisteria sinensis* sweet	720		72		紫藤园(市政府二招)	紫菜园
扬城005	银杏	白果	*Ginkgo biloba* L.	720	24	150	16	八怪纪念馆(驼岭巷18号)	八怪纪念馆
扬城006	银杏	白果	*Ginkgo biloba* L.	720	18	130	22	仙鹤寺	仙鹤寺
扬城007	银杏	白果	*Ginkgo biloba* L.	720	12	170	12	普哈丁墓园	普哈丁园
扬城008	银杏	白果	*Ginkgo biloba* L.	600	22	120	10	旌忠寺巷33-19号	市政府行政局

4. 给扬州市绿化部门的建议

经过亲身、实地调查,和对市民的调查,我们也发现了扬州市绿化存在的一些不足之处,归纳起来有以下几点:

(1) 树木倾斜、扭曲严重

此类树木主要集中于老城区甘泉路、国庆路等,如图2-3-7所示。这导致行人、车辆纷纷在路中间行驶,严重影响了人们的正常行驶。

甘泉路　　　　　　　甘泉路　　　　　　　国庆路

图 2-3-7

（2）树木栽植密集

这导致机动车道与非机动车道间不可见,容易导致交通事故的发生。这主要集中在友谊路公交公司至古邗沟段。

据了解,在上班高峰期,这里经常会有行人车辆窜出,对双方的安全都构成了很大的威胁。在我们对公交公司及司机的调查中,几位 5、6 路公交车司机反映,这里极其危险,在公交车上往往不能够及时发现在这些路口的行人车辆,给他们造成了很大的麻烦,如图 2-3-8 所示。

路口　　　　　　从机动车道看路口　　　　从非机动车道看路口

图 2-3-8

（3）树木枯萎或未能及时修剪

此类树木分布于市区各处,有碍观瞻。这对城市形象造成了极其不良的影响。如图 2-3-9 所示。

当然,市区内也有一些很好的绿化,如漕河路等,乔、灌木分布合理,疏密合适,起到隔离作用也有很好的通透感。给市民带来了很大的便利。

希望绿化部门能够对照好的,弥补不足,让扬州市成为一个完美的绿色城市。

| 甘泉路 | 史可法路 |

图 2-3-9

(4) 对未来城市绿化的设想

① 在全市范围内,将有条件的和在建的居民小区住宅楼顶改造成屋顶花园,种植各种绿化树木,营造多元化的绿化模式。

② 鼓励居民,特别是一些已有此兴趣的老人,自己种植花卉盆景等,并请扬州园林的大师、专家走近市民进行指导,在社区开展活动,将扬州的盆景文化发扬光大。

③ 远期,借助扬州"园林城市"的优势,规划建设大规模、高水准的植物园,提高城市形象,也为大中小学生及各类研究人员提供学习研究、社会实践的场所。

④ 城市绿化人性化管理,呼吁全民爱护并保护绿化,潜移默化中加强对绿化的认识。

第四节 问卷调查

学前检测

有位教学能手,喜欢在上课伊始来个 3 至 5 分钟的学前检测,时间久了,这成了她的教学特色。有一次,她上了一堂公开课,课题是"电功率",其精心编制的 7 道学前检测题,如图 2-4-1 所示。前 5 题是对上节课重点内容(电功和电能表)把握程度的诊断,第 6 题以表格的形式对已授物理量(电功、速度)的知识结构进行回顾,第 7 题则是在回顾铺垫后对新授物理量(电功率)进行迁移性诊断。在学生当堂检测后,通过电子白板公布答案，前后桌位学生互相批阅，并逐题统计反馈。尤其是第7题，在对已授物理量知识结构的铺垫中，迁移到新授物理量中，建立起新的知识结构。通过反馈诊断，教师就能在掌握学情的基础上，有的放矢地进行教学，实现课堂教学的有效和高效，所以她所教班级的平均分、优秀率、及格率等各项评价指标都名列前茅，获得学校领导、同行教师、学生及家长的交口称赞。这位教学能手就是扬州市青年骨干、树人学校的王丽华老师。她是教育部“一师一优课、一课一名师”活动“优课”、江苏省优秀观摩课、扬州市青年教师基本功大赛一等奖的获得者，如图 2－4－2 所示。

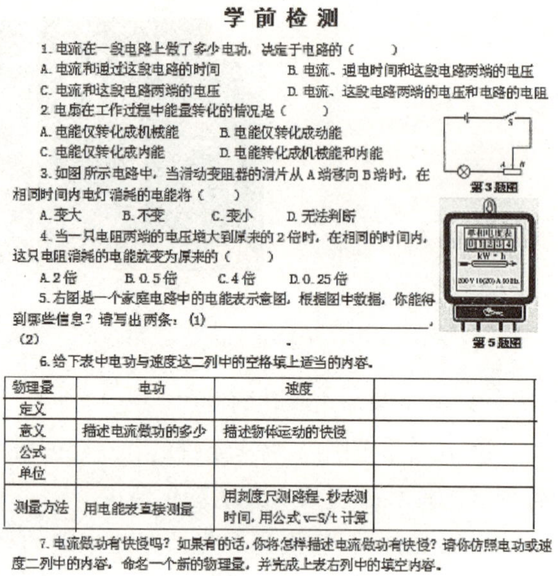

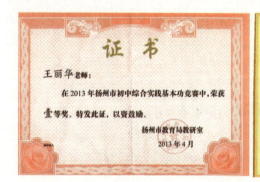

学 前 检 测

1. 电流在一段电路上做了多少电功，决定于电路的（　　）

A. 电流和通过这段电路的时间　　B. 电流、通电时间和这段电路两端的电压

C. 电流和这段电路两端的电压　　D. 电流、这段电路两端的电压和电路的电阻

2. 电扇在工作过程中能量转化的情况是（　　）

A. 电能仅转化成机械能　　B. 电能仅转化成动能

C. 电能仅转化成内能　　D. 电能转化成机械能和内能

3. 如图所示电路中，当滑动变阻器的滑片从A端移向B端时，在相同时间内电灯消耗的电能将（　　）

A. 变大　　B. 不变　　C. 变小　　D. 无法判断

4. 当一只电阻两端的电压增大到原来的2倍时，在相同的时间内，这只电阻消耗的电能就变为原来的（　　）

A. 2倍　　B. 0.5倍　　C. 4倍　　D. 0.25倍

5. 右图是一个家庭电路中的电能表示意图，根据图中数据，你能得到哪些信息？请写出两条：(1)________，(2)

第3题图

第5题图

6. 给下表中电功与速度这二列中的空格填上适当的内容。

物理量	电功	速度	
定义			
意义	描述电流做功的多少	描述物体运动的快慢	
公式			
单位			
测量方法	用电能表直接测量	用刻度尺测路程、秒表测时间，用公式 v=S/t 计算	

7. 电流做功有快慢吗？如果有的话，你将怎样描述电流做功有快慢？请你仿照电功或速度二列中的内容，命名一个新的物理量，并完成上表右列中的填空内容。

图 2－4－1

证 书

王丽华老师：

在2013年扬州市初中综合实践基本功竞赛中，荣获壹等奖。特发此证，以资鼓励。

扬州市教育局教研室

2013年4月

证 书

王丽华老师在2013年我室组织的“义务教育小学、初中综合实践活动课程新课标培训”中为与会代表上了题为《走进水果“供电局”》的省级观摩课一节。

效果良好，特发此证。

江苏省中小学教学研究室

二〇一三年七月十六日

图 2－4－2

点金石

问卷调查

王丽华老师的学前检测，其实就是新授课前的问卷调查。它是调查者运用事先设计好的问卷向被调查者书面了解情况或征询意见的方法。也就是间接的书面访问。

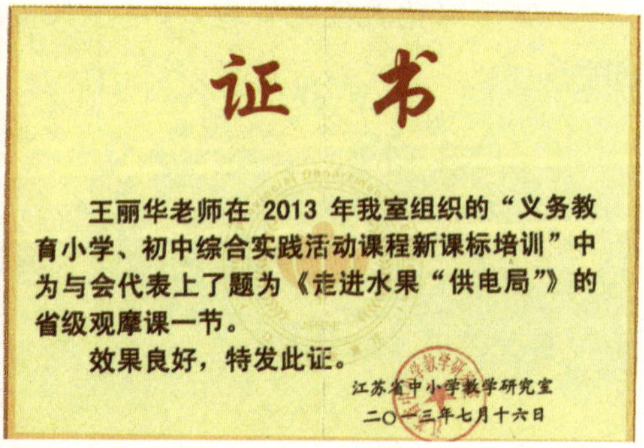

该法的最大优点是能突破时空的限制,在广阔的范围内,对众多的调查对象同时进行调查,适用于对现时问题较大样本、较短时期、相对简单的调查,被调查对象应有一定文字理解能力和表达能力。学生就满足这个条件。

还有如对某地区农村党员教育培训情况的调查、中小学教师队伍科研现状的调查等。由于问卷调查法只能获得书面的社会信息,而不能了解到生动、具体的社会情况,因此该法不能代替实地考察,特别是对那些新事物、新情况、新问题的研究,应配合其他调查方法共同完成。

信息窗

调查特点

1. 调查类型

(1) **邮寄问卷**:① 定义:就是通过邮寄问卷进行调查的一种方法。② 优点:省时、经济、自由、容易大规模。③ 缺点:回收率低、答题者无法确定、易有拒答。

(2) **当面问卷**:① 定义:以问卷的方法进行的调查。② 优点:回收率高、可解说、省时、经济。③ 缺点:仅限集合团体、实施者易影响调查。

2. 调查步骤

现以树人小院士王培成的《树人学校学生早餐问题的调查研究》中的问卷调查为例,介绍实施问卷调查的基本步骤。该调查获中国少年科学院"小院士"课题研究成果二等奖,他也因此成为预备小院士,如图 2-4-3 所示。

图 2-4-3

(1) **调查目的**:重视初中学生的早餐习惯,促进学生的身心健康,大面积提高学校的教学质量。

(2) **研究对象**:扬州中学教育集团树人学校南门街和九龙湖校区的初中学生。

(3) **搜集资料**:早餐是一日中最重要的一餐。身体在经过睡眠的休息后已做好充分准备迎接一天的工作、学习,这时实在需要摄取丰富的营养,来应付整日的消耗。如果不吃早餐将会带来潜在的危害。《健康指南》的一份调查结果向我们展示了这一令人吃惊的数据:7~18岁学生肺活量平均下降90毫升;7~18岁男学生肥胖者已升至8.65%;7~18岁女学生轻度营养不良者达43.5%;7~18岁学生耐力下降,柔韧性下降。学生的近视率为70.34%……为了进一步了解我校学生的

图2-4-4 部分课题组的学生采访营养专家时的照片

身体状况,我们便从早餐情况入手,采访营养专家(如图2-4-4所示),并进行了问卷调查。

(4) **设计问卷**:从我校学生每周早餐的次数、早餐选择的地点、在外早餐的卫生情况、父母和班主任对早餐的关心程度、学生自己对早餐的重视程度、选择早餐的品种、早餐一般安排在什么时间段、一次早餐需要多长时间、需要多少钱、对早餐的营养知识是否了解、是否注意营养搭配、早餐是否有规律、不吃早餐的原因何在、有何危害、如何正确看待早餐等20个问题进行问卷调查。问卷都以选择题的形式呈现。

(5) **分发问卷**:由教务处将学生设计的调查问卷发放给各班主任,各班利用班会课时间统一让学生选择回答。答题卡由班主任收齐封装后统一交教务处。

(6) **阅卷统计**:教务处共收到答题卡4 021份,统计结果如表2-4-1所示。

表2-4-1

序号	问卷内容	内容	百分比/%	内容	百分比/%	选项内容	百分比/%
1	是否寄宿	寄宿	0	走读	100		
2	早餐是否正常	正常	66.3	有时不吃	30.4	基本不吃	1.3
3	早餐的地点	家里	80.4	学校	1.2	路边小店	16.4
4	早餐的时间段	6点	36.1	6点半	52.9	7点	8.1
5	早餐需要的时间	5分钟	21.2	10分钟	56.6	15分钟	19.5
6	在外早餐卫生情况	很好	20.1	不太好	60.2	很差	15.4
7	自己的重视程度	很重视	41.7	不太重视	52.1	不重视	4.3
8	父母的重视程度	很重视	70.2	不太重视	28.5	不重视	0.9
9	班主任的关心程度	很关心	24.9	不太关心	58.5	不关心	15.3
10	早餐的花费用	2元	11.8	3元	20.5	4元	66.7
11	早餐是否有规律	有规律	53.4	不太注意	38.9	无规律	6.4
12	早餐通常吃什么	饭菜类	41.2	牛奶类	38.3	面包类	16.3

续表

序号	问卷内容	内容	百分比/%	内容	百分比/%	选项内容	百分比/%
13	不吃早餐的原因	没时间	60.2	没食欲	26.4	减肥	3.2
14	早餐营养了解程度	了解	55.7	不太了解	36.2	不了解	6.9
15	是否注意营养搭配	注意	29.14	不太注意	62.5	不注意	2.4
16	你喜欢早餐的地点	家里	78.2	学校	5.6	路边小店	15.8
17	不吃早餐有何影响	生长发育	21.7	学习效率	26.2	身体健康	45.4
18	想知道早餐知识吗	很想	50.1	无所谓	40.2	不想	3.7
19	想吃营养套餐吗	很想	40.2	无所谓	51.7	不想	7.6
20	对早餐的要求	合理搭配	90.1	统一用餐	0.8	无所谓	6.1

3. 取样分析

（1）**基本状况不容乐观**：我校学生中偶尔不吃早餐的占30.4%，基本不吃早餐的占1.3%。其原因中没有时间吃的占60.2%，没有食欲的占26.4%，节食减肥的占3.2%。而没有时间吃的主要原因有以下6个：一是晚上睡得晚，早晨起得也晚，生怕迟到而来不及吃；二是将父母给的早餐费用在买小饰品、漫画书等消费品上；三是早餐的品种单一，不合学生的胃口，久而久之，学生没有食欲；四是学生对早餐有过高要求；五是学生学习负担重，尤其是部分学习困难生，忧心忡忡，吃不下饭；六是有些同学的家距离学校比较远，往往为了赶路而耽误了吃早餐。

（2）**父母不太重视**：认为父母不太重视子女早餐的占28.5%，不重视的占0.9%。具体表现在以下3个方面：一是父母图方便，给钱让子女在路边小店吃；二是将前天晚上多余的饭菜热一下就了事；三是不注意营养的合理搭配，导致学生身体素质的下降。

（3）**班主任关心不够**：认为班主任不太关心的占58.5%，不关心的占15.3%，说明学生有要求学校、班主任关心的愿望，这对于在校吃早餐的学生更为显著。其原因有三：一是学校的食堂在品种的搭配上、服务的态度上、价格的合理上、早餐的时间安排上还存在着这样或那样的问题，要求学校给予必要的关心；二是学校不从具体的情况出发，只是一味地要求学生不准在教室里吃东西；三是班主任还缺乏关心学生早餐的意识，班会课只重视对学生的学习目标、规章制度提出要求，而很少对学生的早餐问题提出要求。

（4）**学生缺乏相应认识**：有43.9%的学生不想知道早餐的相关知识或无所谓，有56.4%的学生认为自己不太重视或不重视早餐，有43.1%的学生不太了解或不了解早餐的营养知识，说明有部分学生还缺乏对早餐应有的认识。

（5）**路边卫生令人担忧**：有16.4%的学生的早餐地点选择在路边小店，有75.6%的学生认为在外早餐的卫生情况不太好或很差，说明学生的早餐卫生必须引起学校的

高度重视。

(6) **早餐品种质量欠佳**:有31.7%的学生有时不吃或基本不吃早餐,41.2%的学生以饭菜为主,坚持喝牛奶的占38.3%,吃面包蛋糕的占16.3%。这与专家制定的科学早餐标准还有一定的距离。研究表明:早餐类型与智力发育有关,吃高蛋白质早餐的孩子其智商的平均得分最高,其次为吃高糖分早餐的孩子,而不吃早餐的孩子智商得分最低。由此说明早餐对于人的重要性,尤其是对于处在生长发育关键阶段的少年儿童,不但要按时吃早餐,同时还要注意早餐的质量。

4. 提出建议

(1) **改善个人习惯**:① 睡眠要充足:建议教师适当减少家庭作业量,保证学生充足的睡眠时间。养成早睡早起的良好习惯,使我们有时间和有胃口吃饭。② 食品要挑选:有意识挑选营养丰富且卫生的食品食用。③ 意识要增强:加强对早餐问题的认识,有意识地逐步改善自己不良的饮食习惯。

(2) **注重科学早餐**:① 时间要最佳:医学研究证明,7点左右吃早餐最合适,因为这时人的食欲最旺盛。② 方法要科学:早餐前应先喝水。人经过一夜睡眠,从尿、皮肤、呼吸中消耗了大量的水分和营养,早晨起床后处于一种生理性缺水状态。如果只进食常规早餐,远远不能补充生理性缺水。③ 营养要跟上:早餐食谱中的各种营养素的量,一般应占全天的供给量的30%左右。做到粗细搭配,荤素搭配,使食物蛋白质中的8种必要氨基酸组成比例更趋平衡,营养互补。④ 烹调要讲究:既要考虑各人生理特点,又要考虑各人的食欲兴趣和口味爱好,最好是热稀饭、热燕麦片、热牛奶、热豆浆,切忌喝冰咖啡、冰红茶、冰牛奶等,油炸食品要少吃。⑤ 酸碱要搭配:不少学生早餐习惯吃馒头、油炸食品、豆浆。也有人吃些蛋类、肉类、奶类。虽然上述食品富含碳水化合物及蛋白质、脂肪,但均为酸性食物,若酸性食物在膳食中超量,容易导致血液偏酸性,引起体内生理上酸碱平衡失调,常可出现缺钙症。因此,若能吃点碱性食品如蔬菜、水果,就能达到膳食酸碱平衡及营养素的平衡。

演练场

小试牛刀

请你根据本节的小故事,结合上述问卷调查的实例,撰写一篇"我的问卷调查实践"千字文,让你的父母对其做出"合格、优秀、点赞"的评价。

展示台

调查报告

这是学生杨秋怡、周兆影经过问卷调查而撰写的一份调查报告,该作品获中国少年科学院"小院士"课题研究成果三等奖,杨秋怡同学被聘中国少年科学院小研究员,如图 2-4-5 所示。

图 2-4-5

关于"幸福扬州"的民意调查研究

扬州中学教育集团树人学校学生　杨秋怡、周兆影

一、课题的提出

2011 年是"十二五"的开局之年,也是深入推进"创新扬州、精致扬州、幸福扬州"建设的关键之年,其中,"幸福扬州"最贴近人们的生活。为此,我们进行了关于"幸福扬州"的民意调查研究,了解市民心中的幸福生活具体体现在哪些方面,并对建设"三个扬州"提出一些改进建议,以使扬州建设得更好。

二、研究的意义

记得每每打开电视,一条条关于建设"三个扬州"的新闻总会映入眼帘。经过查阅资料,得知原来"三个扬州"就是指创新扬州,精致扬州,幸福扬州。所以,我们通过关于"幸福扬州"的民意调查研究,来挖掘市民心中真正的扬州,来体会市民真正渴望的幸福,以此来为建设"三个扬州"做出些许贡献。

三、研究的目标

经过调查后了解市民心中的幸福生活具体体现在哪些方面,并对建设"三个扬州"提出一些改进方法,让扬州建设得更好。

四、研究的内容

(1) 市民对扬州的满意度;
(2) 市民生活在扬州的幸福原因;
(3) 市民认为扬州所存在的问题;
(4) 市民对"三个扬州"的认知程度。

五、研究的方法

上网查询、问卷调查、取样分析。

六、研究的过程

1. 上网查询

(1) **了解"三个扬州"的概念**:"三个扬州"指创新扬州,精致扬州,幸福扬州。扬州着力打造创新广陵新高地,形成精致广陵新格局,谱写幸福广陵新篇章,建设古代文化与现代文明交相辉映的新广陵。

(2) **了解"幸福扬州"的重要性**:2017年1号文件以建设"幸福扬州"为主题,立意更高,内容更多,覆盖面更广,相关的标准也有新的提高。所以"幸福扬州"最为重要。因为先幸福,人民才安居,才会建设扬州,日子才会更好,幸福扬州一直是贯通其中,自始至终的。所以提升人民的幸福度还是很重要的。政府提出要建设"幸福扬州",必须要进一步打牢经济发展的基础,要让"幸福扬州"建立在物质的基础之上,为扬城建城2 500年送上一份贺礼。

(3) **了解西湖镇概况**:西湖镇位于扬州西北新区蜀岗之巅、龙脉之首,国家级"蜀岗——瘦西湖"风景区内,千年古刹大明寺西首。西湖镇地理位置优越,交通优势得天独厚,生态环境优美,是有识之士创业、人居、休闲、旅游的绝佳去处。

2. 问卷调查

(1) **问卷调查的设计**:此问卷调查共设计了4个问题,为2题单选题、2题多选题。问题如下:① 生活在扬州你幸福吗？(单选)A. 非常幸福；B. 幸福；C. 基本幸福；D. 不幸福。② 你了解扬州城创建"三个扬州"吗？(单选)A. 很了解；B. 了解；C. 知道一些；D. 不太清楚。③ 你觉得扬州哪些方面好？(多选)A. 环境；B. 交通；C. 名誉(扬州城的名誉)；D. 市民素质；E. 娱乐；F. 建设发展；G. 教育；H. 文化；I. 经济；J. 医疗；K. 收入；L. 计划生育；M. 就业；N. 生活保障。④ 你觉得扬州哪些方面不好？(多选)A. 环境；B. 交通；C. 名誉(扬州城的名誉)；D. 市民素质；E. 娱乐；F. 建设发展；G. 教育；H. 文化；I. 经济；J. 医疗；K. 收入；L. 计划生育；M. 就业；N. 生活保障。

此次问卷调查共进行了2次,调查的对象主要集中在扬州大学水利学院,包括居民区的市民(主要为老人和小孩)、校区师生、办公楼的工作人员等,和西湖镇的市民(西湖镇烹饪学校的学生、路旁小店的店主等),共150名(市区100名、郊区50名)。调查对象涵盖了不同年龄阶层、不同知识层次、不同地区的人群,较有全面性、代表性。在采访居民区的市民时,我们发现一些老年人不喜欢接受书面问卷调查,于是采取了访问形式的调查,让老年人直抒胸臆,得到了一些更具体的信息；办公楼的一些知识分子对我们的调查非常热心,除认真填写书面问卷之外,还与我们热心交谈,对我们进行指导；西湖镇的市民也积极配合我们的调查,提供了不少有用的信息。

问卷主要是针对市民对扬州的优点与不足的看法而提出的,从而可以反射出在创建"幸福扬州"过程的问题并加以改正。

(2) **问卷调查的统计**:调查结束后,我们对书面问卷和采访记录进行了整理,制作了调查统计表(表2-4-2)。

表2-4-2 调查结果统计表　　　　　　　　　　　　　　单位:人

	选项	市区	郊区	合计	%		选项	市区	郊区	合计	%
问题1	非常幸福	24	13	37	24.6	问题2	很了解	8	1	9	6.0
	幸福	44	23	67	44.7		了解	29	13	42	28.0
	基本幸福	28	11	39	26.0		知道一些	35	23	58	38.7
	不幸福	4	3	7	4.7		不太清楚	28	13	41	27.3

社会调查的秘密

续表

	选项	市区	郊区	合计	%		选项	市区	郊区	合计	%
问题3	环境	72	33	105	/	问题4	环境	20	2	22	/
	交通	38	16	54	/		交通	11	12	23	/
	名誉	51	17	68	/		名誉	4	0	4	/
	市民素质	22	9	31	/		市民素质	38	13	51	/
	娱乐	15	3	18	/		娱乐	20	9	29	/
	建设发展	30	13	43	/		建设发展	23	2	25	/
	教育	16	9	25	/		教育	30	0	30	/
	文化	44	8	52	/		文化	5	2	7	/
	经济	17	5	22	/		经济	40	3	43	/
	医疗	/	4	/	/		医疗	/	7	/	/
	收入	/	1	/	/		收入	/	17	/	/
	计划生育	/	2	/	/		计划生育	/	1	/	/
	就业	/	2	/	/		就业	/	6	/	/
	生活保障	/	5	/	/		生活保障	/	6	/	/

3. 取样分析

通过对问卷调查结果统计进行分析,可以得出以下结论:

(1) **受访市民幸福指数比较高**:150人中只有4.7%的受访市民表示不幸福,幸福指数分析详细结果如图2-4-6所示。

分析:扬州曾被评为"全国文明城市",根据我们的调查统计,仅有24.6%的市民表示非常幸福,市区市民幸福指数却没有郊区市民的幸福指数高,这可能有两个原因:一是两个地区的市民对幸福的认知不同,市区市民不只满足物质方面(如温饱类、健康安全类),而更注重精神方面(如自我发展与自我实现类);二是郊区的建设发展快:这些充分说明扬州已经提升了一大步。在我的采访过程中,就连一些工作在社会底层的人们都表示非常幸福,在我们的提问中,他们不时露出灿烂的笑容。

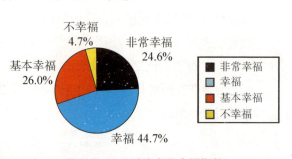

图2-4-6 受访市民幸福指数

(2) **少许人真正了解"三个扬州"**:许多人都表示"知道一些",有人反映"三个扬州"这四个字耳熟能详,但要说出"三个扬州"具体是什么,却答不上来,且郊区很了解的只有1人,所以我们建议政府可以从多方面宣传"三个扬州",不只是在电视上,这样才能让市民们更多地了解"三个扬州",从而积极响应政府的号召,使扬州建设得更好。

(3) **幸福原因多种多样(多选)**:受访市民幸福原因的统计结果如图2-4-7所示。

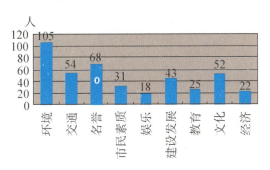

图2-4-7　150位受访市民幸福原因统计

环境:环境好这一原因受到最多市民的认可。的确,扬州的环境很好:古运河原来是一条"臭水沟",而如今已经成为发展水上工业、旅游文化的基础;东关街原来遍地是垃圾,但现在已是一条繁华而又古色古香的名巷;西湖镇附近也有许多优美的景区,蜀冈西峰、平山堂……这些地方环境非常好,建设发展非常快。有些市民也说,只有生活在好的环境里,生活工作得才会幸福。他们对扬州表示非常满意,并也提出了一些建议,他们说我们要注意生活中的细节,时时刻刻保护环境,这样整个城市的市容环境就会达到最佳的效果。

名誉:许多市民反映,扬州的声誉很高,他们感到十分光荣、十分幸福。其实,这些名誉是靠市民们和政府团结一心,共同赢来的,所以,我们要再接再厉,为扬州创建"全国文明城市""国家生态城市""国家森林城市""世界文化遗产城市"贡献出自己的力量。

交通:这一原因受到54人的认可。近几年来,扬州的交通已经有了明显的"大提速"——江都机场、淮扬镇铁路、宁扬城轨……这些都说明扬州在交通方面正一步一步迈向顶峰。但是,站在更高的一个角度上来谈,扬州的交通比起一些大城市还欠缺一些,城区没有快速交通干线,没有立交桥,所以仍不太适应车流量的高速发展。这些问题都要循序渐进地改善,希望扬州能逐步地繁华起来。另外,一些中年人及年轻人提出,扬州的公交班次少,他们希望政府在晚间多设一些公交班次,便于市民外出。

文化:文化底蕴浓厚这一幸福原因位居第四。扬州的文化底蕴确实不错,历史背景就很悠久,可以说,扬州人生活在一座古色古香的城市里,同时,这也为扬州创建"文化遗址城市"打下了坚实的基础。而且扬州的美食文化、旅游文化等的氛围也均很浓郁,我们应该尽力开发它们,这样不仅能吸引更多人的目光,还可以带动整个扬州的经济发展。

建设发展:扬州的建设发展还是比较快的,通过查阅资料,我们发现扬州在美食文化、旅游文化等方面已经做出了很长远的规划:对古城旅游区的保护与开发,对运河旅游带的打造与建设,对新城西区的完善与充实,对宝应湖度假区的利用与发展,对淮扬菜文化的弘扬与展示……在一路的走访中,我们还发现西湖镇以"玩具"为特色,有许多玩具厂都在那里,这些都大大推动了西湖的建设发展。我们也希望扬州的发展能像盛唐时期那样飞速。

(4) **不足之处也有一些**:受访市民认为扬州存在的不足之处统计结果如图 2-4-8 所示。

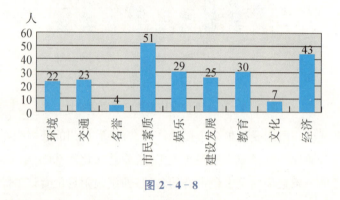

图 2-4-8

市民素质:在此次调查之前,我们一致认为扬州人的素质很高,因为人们说起扬州,总会提到"扬州好人"。但从这次统计来看,市民的素质不太理想。我们认为,一方面政府要加大宣传,尤其是对老扬州居民的宣传引导;另一方面,市民要从自身做起,从点滴小事做起,如:不闯红灯、不随地吐痰、自觉排队、讲究公共卫生等。另外,郊区市民素质相比市区而言,就差得多了,他们并不是很热情,有些人对我们的调查态度冷漠。

经济:"扬州的经济发展不是太快。"很多人都提出了这点。一些高级知识分子扼腕叹息:古代扬州曾经是京杭运河畔一颗最耀眼的明珠,商贾云集,市井繁华,随着运河交通向铁路交通的变换、农业文明向工业文明的发展,扬州的经济地位已经远远跟不上时代。但是,位于苏中地区的扬州,在经济上已经有了一些大幅度的提升:扬州的综合实力屡屡超越南通、泰州等地。所以,我们觉得政府要更加加强工业、旅游业等的发展,从而带动经济发展,使扬州的综合实力继续快速上升。① 城市综合实力排名:扬州(全国第 47),镇江(全国第 49),南通(全国第 53),泰州(全国第 75)。(四市比较) ② 最具大城市优势的排名:扬州(185.13 万人),镇江(160.36 万人),南通(90 万人),盐城(78.6 万人),泰州(65 万人)。(五市比较) ③ 最具文化和人文底蕴的排名:南京,扬州,徐州,苏州,镇江,常州,无锡,泰州,南通,淮安,盐城,连云港,宿迁。

教育:教育不平衡是全国普遍的问题,应加强对家长的教育,而不只是教育学生,要从根本做起;且学校资源需要流动,不然会出现教育两极分化的现象。我们提议,教育应抓质量。

娱乐：其实，我们认为扬州在娱乐方面还是不错的，只是有些人认为社区的娱乐稍微有些欠缺，如一些破旧的活动设施没有得到及时的改善，麻将室太多等。

医疗：我们在西湖镇转了半天，没看到多少社区医院，说明郊区医疗条件还不够好。

收入：郊区技术含量高的企业不多，许多工人从事玩具制造之类的劳动密集型工作，技术要求不同，工作时间长，但收入不高。

（5）**总结**：由这次调查可见扬州是一座高速发展的城市，市民感到很幸福，但在一些细节方面要引起重视，并努力做得更加完善。一方面，政府要了解市民的切身体会，并为之服务；另一方面，市民也要从自身做起：这样扬州才能成为一座真正理想化的幸福城市。

4. 提出建议

经过几次调查研究，我们对"幸福扬州"有了更深层的了解，也大概了解到了人们心中真正的"幸福扬州"，同时，我们也从问卷（采访）、书籍等方面发现扬州还有一些不足之处，同时，我们结合自己的所见所闻所感，整理归纳了如下一些改进措施。

（1）**环境方面**：① 对老城区的环境加以重视，并改善其不足之处；② 在绿化方面引起重视；③ 立即搬迁污染严重的工厂；④ 注重整个城市的市容环境；⑤ 多开发一些景区；⑥ 市民应从小事做起：不乱扔纸屑，注意公共环境卫生等；⑦ 市民应积极响应政府提倡的活动，如植树等；⑧ 市民应"我爱我市"，为扬州争光。

（2）**交通方面**：① 根据实际需要改造马路；② 增加一些公交班次，尤其是市中心、学校附近等人流较多场所；③ 市民"低碳"出行；④ 市民应提高素质，提倡如公交车上让座等一些文明行为；⑤ 市民必须遵守交通规则。

（3）**文化娱乐方面**：① 增加一些有益于市民身心健康的活动设施，如阅览室、活动室等，并减少一些消磨市民时间的活动设施，如麻将室等。② 及时改善一些破旧的活动设施。

（4）**经济方面**：① 继续加快经济发展，如加强工业、旅游业等的发展，从而带动经济发展；② 在大力发展经济的同时，注意环保、绿色，向苏南学习；③ 市民也要为政府献计献策，招商引资，为扬州经济发展做贡献。

最后，希望政府和市民共同做到以上提出的几点改进之处。市民也要献计献策，为自身，为社会，为"三个扬州"做出自己应有的贡献。相信在我们共同的努力下，扬州城的未来一定会更加美好！

5. 研究的体会

通过这次社会实践活动，我学会了调查，做了一名"小记者"，感受到了记者的艰辛，十分有成就感。并且我向爸爸学会了制作表格和统计图，对采访所获得的材料进行加工、整理，我觉得这次社会实践活动十分有意义。

瞭望角

本章总结

通过对本章四节的解读，你对社会调查及其方法是否已心有灵犀一点通？

社会调查是一种特定的人类社会实践活动，社会调查的方法则是调查者为保证其社会调查活动朝着预定的方向进行，达到了解和认识社会的目的所运用的手段、工具和方式的总和。它具有全面增长调查人员的知识储备、顺利完成社会调查的任务、有效提高社会调查的效益等作用。

社会调查方法是一个体系，是人们对社会调查方法的认识和创新不断深化的产物。其实质是社会调查方法内容积累到一定数量后，人们对这些方法内容相互之间的关系加以全面梳理，并使之系统化的结果。它既是社会调查方法内容内在联系的反映，也是人们对其内在联系形式化后的产物，更是一个有层次结构的系统。社会调查方法体系可以分为3个层次，即方法论、基本方式和具体方法。

其方法论主要涉及社会调查的立场、观点、角度、原则等问题，它提供社会调查的指导思想，属于社会调查方法体系的最高层次。其基本方式是贯穿于社会调查研究全过程的程序、步骤和操作方式，它包括调查者采用何种方式、通过何种途径完成社会调查的具体任务等，是一种对社会调查活动具有综合指导意义的方法层次。其具体方法是在社会调查过程的各具体阶段、各具体环节使用的具体技术手段和实用科学方法。它只在社会调查过程中的某一特定阶段、特定环节、特定方面甚至特定环境条件下起作用。

调查研究是一把钥匙，它能让你开启社会宝库的大门，让你在未知世界里展翅翱翔。而习近平同志开创的中国特色社会主义新时代，正是你展翅翱翔的阔海高天。

收获篇

再试牛刀

通过本章的学习与总结，你对社会调查的4种方法有何感悟？请再撰写一篇"我的调查感悟"千字文，让你的父母对其做出"合格、优秀、点赞"的评价。

第三章 成果展示

社会调查的获奖成果主要源自全国、省、市的青少年科技创新大赛和中国少年科学院"小院士"课题研究成果的展示与答辩。

1. 青少年科技创新大赛

全国青少年科技创新大赛是由中国科协、教育部、科技部、环境保护部、体育总局、知识产权局、自然科学基金会、共青团中央、全国妇联以及各省市人民政府共同主办的全国性赛事活动。大赛分为3个阶段和13个学科(中学),其中涉及社会调查的学科有环境科学、行为和社会科学这两个学科。

第一阶段:每年4月前为省级赛事组织阶段。省级组织机构参照大赛章程和规则组织省级大赛,并按分配名额(江苏省每年分配到的学生创新成果项目只有14项,其中高中8项、初中3项、小学3项)和规定时间推荐优秀项目参加全国大赛。例如江苏省第29届青少年科技创新大赛就是在各大市竞赛的基础上(扬州市在2017年12月举行),按分配名额于2017年12月20日—2018年1月20日组织网络申报;于2018年2—3月进行资格审查和初评,确定入围决赛的项目名单;于2018年4月进行入围决赛项目的公开展示、答辩等环节,经评委会终评,确定各项目的获奖名单;于2018年5—6月公示并发布竞赛结果,发放获奖证书和奖牌等。

第二阶段:每年4—8月为全国赛事组织阶段。全国大赛组委会组织项目申报、资格审查、初评和终评活动。

第三阶段:每年9月至年底为总结阶段。公示获奖名单,印发获奖通知,颁发证书和总结研讨等。

2. 中国少年科学院"小院士"课题研究成果展示与答辩

该活动为共青团中央少工委与中国少年科学院联合举办的全国性重大赛事,每年举行一次。该活动分发明创造、科学探究、社会调查、创新创意4个类型,评价标准为初评50分(选题、创新性、科学性、实用性、整体性)、终评答辩50分(语言表达、认知程度、问题解答、仪态仪表)、能力测试20分(闭卷考试),按综合评分的高低确定获奖等级,再评出称号。

该活动通常在每年的元旦期间举行,并进行隆重的颁奖典礼,为获奖者配发小院士服装。获一等奖的课题主持人获小院士称号,其中的前十名荣获十佳小院士称号;获二等奖的学生获预备小院士称号;获三等奖的学生获小研究员称号。

成果一　扬州瘦西湖与杭州西湖的比较研究

扬州中学教育集团树人学校学生　张笑祺

指导老师　方松飞

说明:该成果荣获全国青少年科技创新大赛一等奖、专项奖"科技创新奖",以及江苏省青少年科技创新大赛一等奖,中国少年科学院"小院士"课题研究成果一等奖;张笑祺同学被聘为中国少年科学院小院士(如图3-1-1所示)。

图3-1-1

摘要:一条古老的大运河,如丝带般串联起扬州、杭州这两大历史文化旅游名城。扬州瘦西湖和杭州西湖同为国家5A级重点风景名胜旅游区,是这两座城市的名片;两家同以"西湖"为名,但长相却不尽相同,一"胖"一"瘦"。两家闺秀谁更妖娆,今天谁又更具活力?本文在实地调查的基础上,通过查阅文献资料、现场访谈等方法,对两处"西湖"从历史文化渊源、今日现状和景区地位、旅游服务和配套设施等方面进行比较研究,提出:扬州建立统一高效的旅游指挥体系;开放瘦西湖及周边的景点;完善景区及周边的基础服务设施,特别是建设智慧旅游服务系统;组织旅游志愿者服务组织队,以亲和、温馨和开放的特点去迎接八方游客。

关键词：瘦西湖和西湖；景区开放；旅游服务；智慧旅游；志愿者服务

一、研究背景

自幼在瘦西湖边长大的我，一直疑惑瘦西湖名字的来历。长大了读到清代杭州诗人汪沆的诗——"垂杨不断接残芜，雁齿虹桥俨画图。也是销金一锅子，故应唤作瘦西湖"，才知道瘦西湖原名"保障湖"，是自隋唐以来由人工开凿的水道。正是杭州诗人汪沆将扬州保障湖与杭州西湖做的这番传形得神的比较，湖因诗名，才改称为"瘦西湖"。"欲把西湖比西子，淡妆浓抹总相宜"的杭州西湖到底是什么样子的？为什么杭州西湖成为著名的世界文化遗产？扬州"瘦"西湖和杭州"胖"西湖有什么不一样呢？

我对"两湖"的疑问并没有随着时间的推移而消减，反倒是越发着迷。我试图查阅有关的文献，并通过互联网搜寻有关的文章，发现分别介绍扬州瘦西湖和杭州西湖的较多，但是没有找到对两者进行比较研究的文稿。今年春节，我终于能够和爸爸妈妈一起游览杭州西湖，有机会对两个"西湖"做个比较探究。

二、研究方法

我主要使用实地调查法走访了杭州西湖的各景点，实地体验杭州西湖吃、住、行、游、购、娱等方面的情况；通过查阅相关的文献资料和互联网上的信息，进行分析比较；与游客、景区工作人员及志愿者交流，了解他们的想法和感受。

三、扬州瘦西湖与杭州西湖的比较研究

1. "两湖"历史文化渊源的比较

扬州和杭州这两座著名的旅游城市，都是国务院首批公布的24座历史文化名城之一。

隋炀帝开筑了北起涿郡、南达余杭（今杭州）的京杭运河。大运河从扬州出发，沟通了燕赵文化、齐鲁文化和吴越文化，促进了文化的大交流和大融合。古老的京杭大运河历经约1 400年的兴衰变迁，全长1 794公里，如丝带一般将扬州和杭州这两颗熠熠生辉的历史明珠串联在了一起。

扬州在隋、唐时期走向繁荣，明、清时期扬州的私家园林达到了鼎盛时期，瘦西湖就是我国湖上园林的杰出代表。瘦西湖现有游览景区1.24平方千米，位于扬州城市中央。瘦西湖湖面曲折迤逦，御码头、西园、冶春、绿杨村、卷石洞天、西园曲水、虹桥、长堤春柳、徐园、四桥烟雨、小金山、钓鱼台、五亭桥、二十四桥等景点，依山傍水、错落有致地掩映于精致秀丽的水道之间。瘦西湖不仅有秀丽的自然风光，还有丰富的历史文化，王士祯、孔尚任、卢见曾等人曾在此留下许多华美的诗章，金农、郑燮、黄慎等八

怪名家也曾在此吟诗作画。

杭州,因有西湖而被称为"天堂";西湖,又因地处杭州而显得熠熠生辉。西湖与杭州如水乳般相溶在了一起,构成了千百年来,人们心中最美的一道风景。

西湖位于杭州城西,三面环山,东面濒临市区,是一个湖泊型的国家级风景名胜区。旧称武林水、钱塘湖、西子湖,宋代始称西湖。面积约6.39平方千米,湖岸周长约15公里。苏堤和白堤将湖面分成里湖、外湖、岳湖、西里湖和小南湖5个部分。西湖11个景区里分布着100多个景点,60多处国家及省、市级重点文物保护单位,20多座博物馆(纪念馆)。南宋迁都杭州,给西湖带来了前所未有的繁华,出现了代表着古代西湖胜景精华的"西湖十景":平湖秋月、苏堤春晓、断桥残雪、雷峰夕照、南屏晚钟、曲院风荷、花港观鱼、柳浪闻莺、三潭印月、双峰插云,或围绕西湖分布,或就位于湖上。20世纪80年代初评出的云栖竹径、满陇桂雨、虎跑梦泉、龙井问茶等西湖新十景进一步丰富了景区的内涵。西湖以山水与人文交融著称,苏东坡、白居易、杨万里等作出的大家脍炙人口的诗句描绘出了西湖的妩媚秀丽;岳飞、于谦、张苍水、秋瑾、武松等历史人物展现了它深厚的文化积淀。

2. "两湖"的今日状况与旅游地位

(1) "两湖"在我国景区中的旅游地位

扬州、杭州都是著名的旅游城市、国家文化历史名城。瘦西湖和西湖这两处代表性的著名旅游景区都位于各自的城市中心区,分别成为扬州和杭州的名片(图3-1-2)。

扬州瘦西湖和杭西湖都属于AAAAA国家重点风景名胜区。其中扬州瘦西湖2010年被授予中国旅游界含金量最高荣誉——国家文化旅游示范景区,成为首家获此殊荣的国家旅游风景区。杭州西湖是全国唯一免票的5A级景区;1985年,被评为"中国十大风景名胜"之一;2012年杭州西湖成功申报世界文化遗产。扬州瘦西湖和杭州西湖的历史和现状情况比较如表3-1-1所示。

扬州瘦西湖春景(五亭桥白塔)　　杭州西湖夏日(曲院风荷)

图3-1-2

表 3-1-1　扬州瘦西湖和杭州西湖的历史和现状情况比较表

项目一	项目二	扬州瘦西湖	杭州西湖
城市历史文化	所在城市	扬州	杭州
	是否旅游城市	旅游城市	旅游城市
	历史文化名城	首批国务院公布	首批国务院公布
	与大运河关系	运河名城	运河名城
景区现状及旅游地位	景区类型	国家重点风景名胜区	国家重点风景名胜区
	景区级别	5A	5A
	景区荣誉	国家文化旅游示范景区	世界文化遗产
	门票情况	不免票	大景区免票,少部分文保景点售票
	游览面积	1.24 平方千米	6.39 平方千米

(2)"两湖"的经济收入比较

以 2013 年春节黄金周期为例,对两地游客量和收入进行比较(图 3-1-3)。

据扬州市假日旅游协调指挥中心办公室统计,2013 年春节黄金周期间扬州市共接待游客 158.2 万人次,同比增长 12.15%;实现旅游总收入 18.45 亿元,同比增长 15.24%。以瘦西湖、大明寺、个园为代表的市区景区累计共接待游客 25.46 万人次,同比增长 18.09%。瘦西湖购票总人数为 5 万多人,同比去年上涨 16%。

据杭州假日办统计,2013 年春节黄金周七天全市各景区景点共接待游客 677.12 万人次,同比增长 10.86%;旅游总收入 28.56 亿元人民币,同比增长 13.9%。其中,西湖景区累计接待中外游客 235.69 万余人次,较 2012 年同比增长 8.35%;其中收费公园接待游客 82.67 万余人次,同比增长 6.03%;免费公园接待游客 153.02 万余人次,同比增长 9.64%。

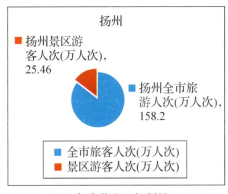
2013年春节七天扬州景区及全市旅游人次比较

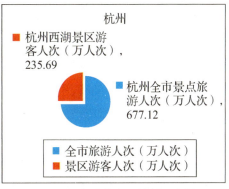
2013年春节七天杭州西湖景区及全市旅游人次比较

图 3-1-3

从以上旅游人次的图表可以看到，杭州的游客量至少是扬州的4.28倍，西湖景区的游客量是以瘦西湖为龙头的扬州景区的9.26倍。在吸引游客方面，杭州西湖等景区对游客的吸引力比扬州瘦西湖等景区强。

3. 服务为王——西湖与瘦西湖的PK

为了响应绿色出行、低碳环保的号召，我们这次调查采用了乘坐公共交通和步行相结合的方式，真实体验了杭州西湖景区的管理、游客服务和周边的配套设施的情况。

（1）景区开门迎客，杭州西湖得到要比失去多

在杭州旅游最愉快的莫过于景区的免费开放。杭州西湖是一个开放的景区，星罗棋布的历史人文景点，游客自在畅游。以2012年"十一"黄金周为例，在华山、泰山等知名景点因为游客爆棚而成为投诉热点时，西湖却成为网友心目中最美、性价比最高的景区。黄金周8天时间，杭州全市各景区（景点）共接待游客数以1 758.66万人次创下了历史最高纪录，旅游总收入87.65亿元人民币，与上年同期相比分别增长了18%和21.3%。

2002年，杭州市政府提出了"还湖于民"的口号，整个西湖景区免费开放公园景点及博物馆、纪念馆共52处，占公园景点（博物馆、纪念馆）总数的73%，免费开放的景区面积达2 000多公顷，这令西湖景区成为中国第一个也是唯一一个不收门票的5A级风景区。西湖的免票不仅没有亏本，反而给杭州带来了意想不到的综合收益。而十年时间的纵向对比，更显示了免票政策带来的成果。2011年，杭州旅游总人数达到7 487.27万人次，是2001年的2.89倍，旅游总收入为1 191亿元，是2001年的4.77倍。

扬州瘦西湖景区现在还是一个封闭式的传统景区，目前门票价格旺季150元、淡季120元，游客游玩以观赏游览为主，没有参与性的活动，景区的收入主要来源于门票。因为门票的门槛限制，外地客人不能想来就来，本地没有年卡的游客也不会想去就去地随意游玩，所以游客人数也间接影响了景区的其他经营收入。

（2）完善的游客出行系统，杭州西湖旅游更方便快捷

杭州西湖完善的公共出行设施，让我们体验到了方便快捷的服务。

A. 完善的景区公交

我们来到杭州，发现西湖周边的景区公共交通十分发达，有普通线、专线、快速公交线、观光线、高峰线、夜间线、小区巴士等公交线路，现有376条线路，4 302辆车日夜运营，川流不息，给这个城市带来了勃勃生机，游览线路大大方便了旅客出行。

扬州的瘦西湖景区周边也有很多线路到达，并且有一条旅游专线，连接瘦西湖、大明寺、个园、何园等主要景点。但由于旅游淡季乘坐的游客数量少，并且由于旅游景区封闭，自驾游客人和旅游团队的客人多且周边缺少配套的商业服务设施，游客来了就走，公交出行还不能成为来扬州游玩的客人的首选。平时经常乘坐公交的人很多都是本地居民。

B. 便捷的公共自行车服务

来到西湖边,杭州市民热情地推荐我们使用公共自行车(图3-1-4)。西湖免门票,借车也免费,骑车环游,脚下生风,不断变换着欣赏西湖的角度,一步一美景,一行一心情。杭州在全国率先建设了公共自行车系统,目前全市已经布下了65 000辆公共自行车。作为一种低碳实用的交通工具,自行车的使用解决了公交车"最后一公里"的问题,尤其受到外地游客的欢迎。2012年"十一"黄金周,全市公共自行车租用总量达到205万余辆次。

扬州瘦西湖在前几年也曾尝试引进这种公共出行方式,在瘦西湖的南门、北门分别放置公共自行车,但是由于规模太小和没有配套的维护保障系统,很快就销声匿迹了。

在旅游服务亭办理可租借公共自行车的公交卡

杭州的西湖景区方便的公共自行车

图3-1-4

(3) 方便的旅游咨询和独具特色的志愿者服务,杭州西湖旅游倍感温馨

杭州西湖边有旅游集散中心、黄龙体育中心,以及遍布全市主要交通干道和景区的旅游咨询服务点(图3-1-5),我们在这里得到了免费的西湖导游图,可以十分方便地查询旅游线路,购买了可以租用公共自行车的公交卡,并使用智慧旅游系统的触摸屏查询自己所需的吃、住、行、游、购、娱的信息。

图3-1-5 杭州湖滨路公交站的旅游咨询服务亭

据了解,杭州建立了由旅游集散中心、公共自行车交通组成的旅游咨询体系,包括主中心咨询点、9个杭州旅游集散中心所属的咨询点和100个公共自行车旅游咨询亭。

在杭州西湖边,我看到很多"西湖志愿服务微笑亭"(图3-1-6)。那里为游客们准备了免费凉茶、地图、针线包、创可贴等。很多头戴小红帽、身穿红马甲的志愿者是和蔼可亲的退休阿姨和大爷,他们热爱西湖,是真正免费服务的志愿者。他们平时做的主要是向游客发放宣传资料和免费导游图,接受游客咨询。

据了解,杭州西湖志愿者服务总队是2004年12月5日成立的志愿服务组织,以"热爱西湖、宣传西湖、保护西湖、管理西湖"为宗旨,现有注册志愿者4600名,注册团体30个,下属12个志愿服务分队、33个青年志愿者突击队,设有12个志愿服务基地。

西湖"志愿服务微笑亭"的爷爷们灿烂的笑容

图3-1-6

手机截图:杭州旅游的客户端界面

图3-1-7

(4)信息化引领旅游发展,西湖智慧旅游系统升级

为了这次考察,来到杭州之前我们就在家里做了一番功课。在App Store(苹果手机的应用软件商店)下载了一款专门针对旅游者开发的杭州旅游软件。里面有杭州吃、住、行、游、购、娱的应用程序和介绍,方便了我们的自助旅游(图3-1-7)。

漫步西湖边,时不时会看到自助的智慧景区导览系统,可以观看景点的视频介绍,查询杭州吃、住、行、游、购、娱的地点位置,甚至部分收费景点的门票都可在机器上自助办理。有的服务厅还与自动售货机组合在一起,方便游客购买饮料食品,提供每日的报纸。

在湖边我们还接收到了免费的Wi-Fi(无线网络)信号,搜寻到了杭州i-hangzhou的无线网络,畅快地发送了微博图片(图3-1-8)。

方便的智慧旅游服务是杭州西湖旅游的特色服务,目前在瘦西湖景区还没有免费的 Wi-Fi 服务,游客也还没有能够享受到这么便捷的智慧服务。

扬州是全国试点的智慧旅游城市,目前这种便捷"智慧"服务也已经开展起来,在 2013 年的下半年,扬州市 App"寻美扬州"也已经开发上线(图 3-1-9)。

图 3-1-8　智慧杭州无线网　　　图 3-1-9　"寻美扬州"的客户端界面

四、对扬州瘦西湖风景区的发展和扬州旅游的建议

(1) 建立统一高效的旅游指挥体系。杭州西湖景区虽然面积大、景点多,但是不管是景区公共服务还是公交系统,都给人感觉是一个有机的整体。作者查阅了相关的资料,杭州的西湖风景区管委会和杭州园林文物局,实际是合署办公的。这样就为西湖的发展提供了统一管理的有利条件。扬州城市小,景点集中,但是景区隶属多家单位,有瘦西湖管委会、园林局、宗教局、文广新局、房管局等多家部门,相互之间容易产生无序竞争,不利于统一管理和营销。如果能建立统一高效的旅游指挥体系,把瘦西湖、大明寺、个园、何园、古城"双东"街区和散落在古城街巷中的名人故居用旅游线路串联起来,必将有利于瘦西湖景区和扬州旅游的发展。

(2) 逐步免费开放瘦西湖及周边的景点,吸引八方游客。旅游景区免费开放,虽然会失去一点门票收入,却能带来餐饮、住宿、娱乐、购物等其他项目的繁荣,换来更多的经济收益、社会效益。景区免费开放,增加了城市的亲和力,必然也将增强扬州城市的竞争力。

(3) 建设智慧旅游服务设施和自助服务系统。在这个信息革命的时代,智慧旅游可以实现全市景区、景点、酒店、交通等设施在网络系统上的完全互联和融合,通过智能终端给每位游客提供便捷的服务。所以建议扬州特别是瘦西湖景区能尽快建立和增加这样的旅游服务基础设施,赶上信息化时代。

(4) 尽快增加瘦西湖周边餐饮、住宿、娱乐购物的配套服务设施,解决游客吃、住、购、娱的问题。瘦西湖景区周边缺乏能够吸引人气的餐饮娱乐服务设施。周边建设的温泉度假村和高档餐饮,以及目前正在建设中的文化休闲广场"虹桥坊",有星巴克、哈根达斯、全聚德等店,大多适合高端消费,建议建设更多的配套服务设施,增加适合普通游客和市民的消费服务项目,集聚景区的人气。

(5)参考杭州志愿者服务的模式,在扬州城区和瘦西湖周边建立志愿者义工服务队。扬州也可以参考杭州志愿者服务的模式,建立自己的志愿者服务组织,解决景区管理人力不足的困难,给游客提供宾至如归的温馨服务,使他们感受到扬州城市的文明。

我的家在美丽的扬州,扬州瘦西湖的四季如一幅幅美丽的画卷,深深地烙印在了我的心里。希望我的研究比较,能够对扬州瘦西湖景区和扬州旅游业的发展,对扬州旅游名城建设有所帮助;更希望扬州瘦西湖和杭州西湖能像两朵姊妹花,开放在古老的大运河畔!

致谢:在本调查报告撰写过程中,得到了方松飞老师给予的大力支持和指导,感谢我的爸爸妈妈利用宝贵的休息时间陪我一起进行实地调查,感谢杭州的志愿者们给了我热情的帮助和微笑,在这里向他们致以诚挚的谢意!

五、参考资料

[1] 辜伟节,朱雪梅,张利琴,《美丽扬州》,译林出版社,2012年8月
[2] 王晖军,《扬州炒饭文化解码》,西苑出版社,2011年9月
[3] 吴涛,《扬州日报》,2013年2月16日,A2版
[4] 西湖,"百度百科",http://baike.baidu.com.
[5] 浙江新闻网,2013年2月19日,http://news.zj.com.
[6] 《城市旅游,我们一起i杭州》,《中国旅游报》2011年12月16日,第4版.
[7] 杭州志愿者论坛,http://bbs.hzva.org/forum-329-1.html.

成果二 关于隋炀帝墓的调查研究报告

南门街校区初三 李煦恒

说明:该成果获中国少年科学院"小院士"课题研究成果二等奖,李煦恒同学被聘为中国少年科学院预备小院士,如图3-2-1所示。

摘要:2013年11月,隋炀帝墓被最终确认位于扬州曹庄。本研究调查总结了隋炀帝墓的结构及其随葬物品,阐释了隋炀帝与扬州的不解之缘,探讨了隋炀帝墓的真假之辨。伴随隋炀帝墓的发掘,如何正确评价隋炀帝,利用地域优势深入开展隋炀帝及隋文化的研究;如何在深入挖掘并保护墓葬的同时,挖掘其独有的文化和旅游价值,也将成为重要课题。

关键词:隋炀帝墓;随葬品;结构;真假之辨;保护利用

2013年11月17日，中国考古学会在扬州宣布：隋炀帝墓确认在扬州曹庄，是隋炀帝杨广和萧后的最后埋葬之地。消息一出，立即引起了我们的关注。作为一名扬州中学生，我们对此深感骄傲与自豪，但同时我们心中也存在着一些疑惑，对于这些疑惑，我们做了有关隋炀帝墓的调查并采访了有关专家。希望这份研究报告能对扬州的历史文明建设有所帮助，也希望能唤起广大民众对考古发现的重视，推动历史文化的传承。

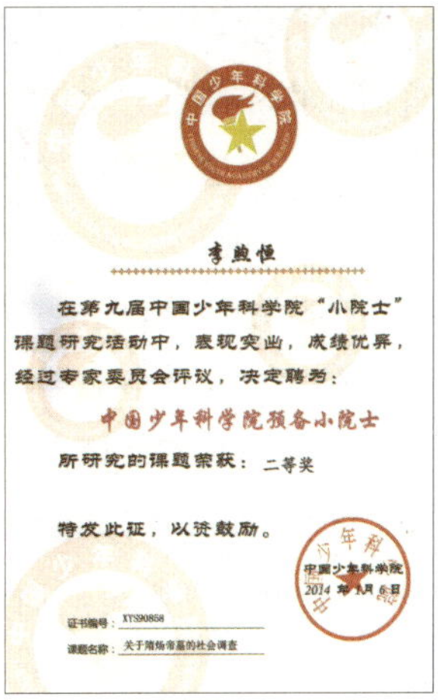
李煦恒

在第九届中国少年科学院"小院士"课题研究活动中，表现突出，成绩优异，经过专家委员会评议，决定聘为：

中国少年科学院预备小院士

所研究的课题荣获：二等奖

特发此证，以资鼓励。

中国少年科学院
2014年1月6日

证书编号：XYS90858

课题名称：关于隋炀帝墓的社会调查

图3-2-1

一、研究的意义

1. 以隋炀帝墓的发掘为契机，深入了解和正确评价隋炀帝这个与扬州密切相关的人物，利用地域优势加强对隋炀帝以及隋文化的研究。

2. 强化以隋炀帝墓为核心的隋唐文化研究，拓展以隋炀帝墓为重心的隋唐文化旅游，使之成为扬州的城市名片之一。

3. 呼唤更多人树立文物和文化保护意识，重视考古发现和历史文化。

4. 丰富我们中学生的阅历和知识，同时让我们这代中学生树立文物保护意识，培养历史文化修养。

二、研究的目标

通过实地调查研究，探寻隋炀帝与扬州的关系，客观评价隋炀帝，寻求隋炀帝墓真实的确立依据，探讨隋炀帝墓的保护与今后的发展利用。

三、研究的方法

以实地调查研究为基础，查阅搜寻大量相关资料，辅之以专家采访。

四、研究的内容

1. 隋炀帝墓葬的结构

隋炀帝墓目前主要由两个墓室构成。一号墓为隋炀帝墓墓室，为砖室墓，由主墓室、东西耳室、甬道、墓道5个部分组成。墓葬通长24.48米，东西连耳室宽8.22米，残高2.76米。不同历史时期的墓葬结构是不同的。扬州市文物考古研究所王队长介绍说：墓室主要是存放棺椁和部分随葬品的，东西耳室主要存放随葬品。从目前发掘的情况来看,东耳室存放的主要是陶罐和器具,西耳室主要是陶俑,陶俑分骑马俑、文官俑和骆驼俑等。可能当时器物的排列是有规定的,不同的位置摆放不同的东西。墓志发现于甬道和墓室之间。古代的墓葬代表着一个人生前的生活住所,古代有"事死如事生"的说法。隋炀帝墓道长度有19.5米,就相当于人生前的庭园和廊道。二号墓萧后墓为砖室墓,也由主墓室、东西耳室、甬道、墓道5个部分组成。墓道通东西耳室。墓室东、西、北壁各有3个小壁龛;墓葬道长12.64米,宽5.9米,残高1.6米。甬道两侧各有一小耳室。两座墓虽然结构差不多,都是由主墓室、东西耳室、甬道、墓道5个部分组成,但这两座砖室墓的形制不一样。隋炀帝的砖室墓主要是由江都宫的城墙砖砌成,而萧后墓则是用唐代民用砖建成。从这一点可以看出,两人安葬的时间不同:隋炀帝因为兵变仓促下葬,墓室砖用的是江都宫的城砖;萧后81岁下葬时,已是大唐盛世,唐太宗派专人将萧后与隋炀帝合葬,因而萧后墓使用的是唐代民用砖。另外,两个墓室的形状不同:隋炀帝的是方形砖室墓,萧皇后的是腰鼓形砖室墓。

2. 隋炀帝墓的随葬品

隋炀帝墓一号墓除墓志外,还出土了玉器、铜器、陶器、漆器等珍贵文物100余件(套)。二号墓共出土玉器、铜器、铁器、陶瓷器、木漆器等200余件(套)。其中玉器有白玉璋1件,质地莹润,如图3-2-2所示。铜器有编钟、编磬、铜灯、铜豆等。成套的编钟16件,如图3-2-3所示;还有编磬20件,隋唐时期的编钟和编磬之前只有文献记载,没有实物发掘。而这次成套的编钟和编磬的发掘填补了这一空白。

图3-2-2

图3-2-3

陶器有罐、炉、钵、灯、几、磨等。陶俑有牛、马、猪、羊、骆驼、双人首蛇身俑、文官俑、执盾武士俑等,如图3-2-4所示。部分陶器有彩绘。瓷器有青釉辟雍砚1件,造型精美;1套女性用冠饰,工艺精巧,国内罕见。一套蹀躞(dié xiè,也就是专业意义上的金玉带),不仅是目前国内出土的唯一一套最完整的十三环蹀躞带,也是古代带具系统中最高等级的实物,如图3-2-5所示。4件铜铺首通体鎏金,兽面直径26厘米,与唐大明宫遗址出土的铜铺首大小相近。

 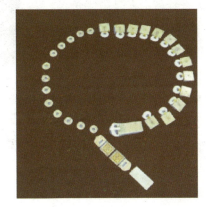

图 3 - 2 - 4　　　　　　　图 3 - 2 - 5

墓志的志文中"随故炀帝墓誌(隋故炀帝墓志)"等文字、十三环蹀躞带、鎏金铜铺首,以及墓穴中发现的 2 颗牙齿是认定墓穴主人为隋炀帝的重要依据。

3. 隋炀帝墓的真假之辨

一直以来,隋炀帝墓的确切位置及其真假之辨一直是考古人士关注的热点。

(1)**真假之辨**:清嘉庆年间,大学士阮元经考证认为:今扬州市邗江区槐泗镇槐二村的一处大土墩为隋炀帝陵,如图 3 - 2 - 6 所示。

图 3 - 2 - 6

然而,阮元所认定的扬州槐泗隋炀帝陵并没有历史史料证明,阮元更多是参考了民间传说和地理方位。民间相传这个地方叫作皇墓墩,有帝王陵墓。阮元在这里发现了一处"天门",证实确有陵墓。而史书记载隋炀帝被葬在"雷塘",这个区域又正好有一处水塘。根据众多看似"巧合"的线索,阮元最终认定这就是隋炀帝的陵墓。然而,因为种种原因,一直没有发掘。而这次发现的隋炀帝墓(有别于隋炀帝陵)据考证是真墓。

(2)**隋炀帝墓的真实之证**:① 墓志:据悉,考古人员通过采用最新技术手段解读墓志,墓志上已识读出的部分志文,如图 3 - 2 - 7 所示。② 随葬器物:除墓志外,一号墓中还出土了玉器、铜器、陶器、漆器等珍贵文物100 余件。其中一套蹀躞金玉带,不仅是目前国内出土的唯一一套最完整的十三环蹀躞带,也是古代带具系统最高等级的实物。4 件铜铺首通体鎏金,兽面直径 26 厘米,与唐大明宫遗址出土的铜铺首大小十分相近。墓内两颗牙齿鉴定为属于 50 岁左右的男性个体。因此,根据"隋故炀帝墓志"、十三环蹀躞金玉带、鎏金铜铺首及大量文官俑、武士俑、骑马俑等高规格随葬品,结合文献的记载,确认一号墓主人是隋炀帝杨广。
③ 二号墓的相关情况:二号墓萧后墓为腰鼓形砖室墓,出土有白玉璋1件;编钟、编磬、铜灯、铜豆等,其中成套的编钟16件、编磬20件,是迄今为止国内唯一出土的隋唐时期的编钟、编磬实物,填补了中国音乐考古史上的一项空白;陶器有罐、炉、钵、灯、几、磨等,陶俑有牛、马、猪、羊、骆驼、双人首蛇身俑、文官俑、执盾武士俑等,部分陶器有彩绘;瓷器

图3-2-7

有青釉辟雍砚1件,造型精美;1套女性用冠饰,工艺精巧,国内罕见。墓内保存有部分人骨遗骸,经南京大学体质人类学专家鉴定为大于56岁、身高约1.5米的女性遗骸。二号墓虽无文字信息,根据墓葬形制、墓内出土的高等级随葬品和对人骨遗骸的鉴定,结合文献记载,判明墓主人是隋炀帝萧后。

(3) **隋炀帝"墓""陵"之辨**:在调查中发现,之前一直被使用的"隋炀帝陵"的说法在本次考古挖掘之后改称为"隋炀帝墓"。隋炀帝墓为何是"墓"而不是"陵"? 在采访中,考古队王队长告诉我们:陵有它的规制设施,如它有祭台、陪葬墓;但隋炀帝墓从目前来看均没有,所以文物研究人员的定名比较谨慎,定名为"隋炀帝墓",而不是"隋炀帝陵",因为就目前而言它还不具备陵的因素。

4. 隋炀帝与扬州

扬州,是隋炀帝事业的起点、生命的终点。他在登上帝位前曾任扬州总管9年,在他做皇帝的14年中,曾先后3次下扬州巡游,直至兵变猝死于扬州、埋葬于扬州。可以说,扬州是隋炀帝杨广的第二故乡。

在大多数人的认知中,隋炀帝是历史上著名的昏君,现在对于隋炀帝的评价也大多呈现出一边倒的趋势,这很不客观。我们在查阅大量资料的基础上认为——隋炀帝其实是一位雄才大略的实干家:他平定陈朝,统一天下;他修建东都,迁都洛阳;他修建大运河,利在千秋;他开疆扩土,平定吐谷浑;他通丝绸之路,迫使突厥分裂;他开创科举,重视教育。这些功绩是不能被抹杀的。对于扬州,隋炀帝是有感情的,也是有贡献的。

(1) **编纂书籍**:隋炀帝杨广从开皇十年(590年)出任扬州总管,镇守江都,到开皇十九年(599年)、开江都入朝,整整9年。在扬期间,他令潘徽领衔,集江南诸儒编撰了《江都集礼》一部,大大推动了扬州文化事业的发展。

(2) **兴建宫殿**:隋炀帝在扬期间大兴土木,除了大兴宫以外,他还在扬州建行宫数处,大业五年(609年)就大兴土木兴建了江都宫,内有各种名号的宫室十多处。此外又在运河之畔的城东湾头、城南扬子津建有行宫。湾头行宫建好后,因嫌风水不好,后

改为寺庙。扬子津行宫名叫临江宫,登临可眺望浩瀚长江。另外还有一座迷楼,非常豪华,宫殿深幽曲折,机关重重。宫殿的修建,使得扬州一时间亭台楼阁、相映成画。

（3）**推广佛教**：隋炀帝时,扬州宗教十分兴旺,大小寺庙有100多座,最著名的有禅智寺、大云寺、山光寺等。隋炀帝在扬州期间,曾把江南宗教界德高望重的人物集中于扬州。他邀请中国佛教天台宗的实际创始人、著名的佛教学者智颉到扬州举办千僧会,为其授菩萨戒。隋炀帝在客观上对扬州佛教的发展起到了很大的推动作用。

（4）**开凿运河**：隋炀帝在位时有两大工程,一是营造东都洛阳,二是开凿大运河。运河的开凿,对扬州,乃至整个江南都有深远的影响和贡献。古代交通没有当今便利,主要靠水路和陆路,隋炀帝开凿的大运河设计合理科学,至今仍在使用。陕西师范大学教授胡戟认为：开凿运河主要是为了沟通南北的交通,巩固国家的统一,对政治、经济、文化、军事等诸多方面都有意义。可惜隋朝短暂,扬州在帝国财政、经济上无可比拟的地位要到唐朝才能真正体现出来。不过,由于隋炀帝本人的多次巡幸,扬州在隋炀帝时期陪都的地位已经确立。而隋炀帝的一系列大动作,也激起了民怨。隋炀帝最终被关陇集团抛弃,失去靠山。洛阳待不下去,他跑到扬州。而此时北方农民起义军和军阀割据愈演愈烈,最近的起义军已经到了高邮。隋炀帝知道不能回北方,转而打算复建丹阳郡。而深知炀帝不再打算北归的禁卫军着急了。公元618年,隋炀帝巡幸扬州期间,禁卫军发动兵变,推举重臣宇文化及为首领,并缢死了杨广。墓志铭文记载墓主去世时间为"大业十四年",即公元618年,与史实相符。公元622年,唐高祖李渊下令将隋炀帝墓迁到雷塘。公元648年,萧皇后病死,唐太宗李世民命将其尸骨送至江都与隋炀帝合葬。

5. 隋炀帝墓的保护与利用

扬州市文物局研究员顾风认为,隋炀帝墓的发现应算是历史馈赠的一份大礼,是一份非常重要的文化遗产。隋炀帝是一生都与扬州有特殊关系的人物,最终确认他葬在扬州,既印证了史料,同时发现的意义也超过了墓葬本身。

（1）**隋炀帝墓的保护**：扬州曹庄隋炀帝墓的发现是国家今年重大的考古发现,也是扬州今年的重大事件,本着敬畏历史、敬畏先人的态度,当务之急是依法合规做好深化考古与文物保护工作。① 考古现场的保护：考古重地是不允许闲人进入的,隋炀帝墓考古发掘现场也不例外。2017年4月,当位于扬州曹庄的隋炀帝墓考古发掘工作首次被公众关注时,站在院墙外高高的土坡上,还能依稀看到现场的情况。如今,隋炀帝墓的考古发掘现场,不仅有几重院墙,为了临时保护且让考古人员可以风雨无阻地工作,还临时搭建了很大的工棚,不走进工棚内是无法一睹隋炀帝墓和萧后墓现状的。公安部门更是派出了不少警力,24小时在现场巡查。与此同时,考古人员也驻守在考古现场,可见安全保卫非常森严。我们在调查中也无法进入考古现场,只能在场外拍摄一些照片,如图3-2-8所示。② 出土文物的保护：据有关报道,考古人员对待考古现场的每一寸泥土都小心翼翼,提取每一件文物时,考古人员出手都非常"温柔"。此外,还有专人一遍遍地将墓中的泥土放在筛子里清洗,即使文物再小也不会被遗漏掉。扬州市文物考古研究所所长束家平告诉记者,考古人员在现场清理随葬品时,也同样非常耐心细致,下手非常轻,尽全力呵护好每一件随葬品,希望获取更多的实物资料,为研究隋炀帝和萧皇后,解读隋唐历史,提供珍贵的第一手材料。遇到一时难以提取的随葬品,

图 3-2-8

就邀请专家共同商讨对策,例如二号墓里的凤冠保存得不好,风化很严重,而且墓室被盗时,它也遭受了人为破坏。"下一步,我们将邀请文保专家对包括凤冠在内的文物采取保护措施,并且进行提取,然后修复。"束家平称,考古现场有专人每天观察温湿度,及时给随葬品保湿,如漆器和陶器一旦快速变干就会"受伤",所以要根据温湿度及时给它们补水,"平时我们是用塑料薄膜覆盖在这些文物上面,就像女人在脸上敷面膜起保湿作用一样。"值得一提的是,此次考古发掘中,还特别邀请了南京博物院文物保护和修复方面的专家驻扎在考古现场,随葬品一旦出土,就交由他们保管、修复,力争每一件文物都受到最好的保护,"受伤"的文物也能恢复昔日的风貌。"此次公布的文物,让公众看到它们很干净、很精美的一面,其实,我们已经花了大量的人力和物力,对出土的文物进行清洗、修复。"

(2) **隋炀帝墓的利用**:① 深化隋炀帝及隋文化的研究:作为历史上有争议的皇帝,隋炀帝对扬州的贡献是毋庸置疑的。关于隋炀帝的研究,我们扬州人有着得天独厚的条件,扬州目前也有一系列的研究成果,如扬州学者丁家桐的历史小说《隋炀帝》,而扬州学者王虎华主编的《隋炀帝与扬州》是目前关于隋炀帝研究最权威的史料汇编。扬州大学社会发展学院教授李文才说:"研究历史,人物只是第一步,最根本的是通过人物,了解其所处的社会环境和政治制度。"扬州隋炀帝墓的发现,激发了社会大众对隋炀帝的好奇,有助于帮助这位历史人物摆脱"脸谱化"。扬州不仅有汉、唐、清三度兴盛,在隋代也很繁荣。隋代的扬州,就是全国三大重要城市之一,扬州是隋王朝兴衰的一个缩影。"隋炀帝墓的发现,不仅提升了扬州隋文化在全国的地域优势,也提出了扬州隋文化研究的全新课题。""扬州人对隋炀帝有着特殊的兴趣和感情,清代大学者阮元就专门考证隋炀帝陵,当代人研究的论著和成果颇丰。"扬州学者韦明铧认为,与全国其他城市相比,扬州的隋文化研究优势明显。研究隋炀帝以及隋文化,扬州应该当仁不让。扬州应该成立一个全国性的隋炀帝(或隋文化)研究学会,吸引国内外一批热心于隋炀帝研究的学者,每年举办隋炀帝(或隋文化)学术研究年会,向世人还原一个

真实的隋炀帝。② 利用隋炀帝墓拓展隋唐文化旅游：扬州是一个历史文化古城，然而扬州现今的历史文化遗迹以明清园林为主，隋唐文化则不占主流。而隋炀帝墓的发现在补充了隋唐文化的同时，更填补了扬州没有实物展示隋文化的空白。其实，仅从文物遗产的角度看，隋炀帝墓、隋唐城遗址、鉴真六次东渡等都是扬州在全国有重大影响的隋唐文化遗产。如今，深埋地下千年的隋炀帝墓得以重见天日，保护利用不是把它再封存起来，而是在保护的基础上，让现代人更好地体验、感悟隋唐的文化。与明清文化相比，扬州旅游在利用隋唐文化方面还是一块空白，但这也正是加快扬州旅游业发展的潜力所在。

隋炀帝墓的尘埃落定引发扬城旅游业内人士的热议。业内人士表示，近年来，帝王旅游资源已成为各地争夺的对象，帝王陵寝是一种独有的不可复制的旅游、文化资源，扬州必须用好这块"金字招牌"。扬州的隋唐文化遗产特别丰厚，如何正确认识、着力保护和恰当利用，成为文化扬州建设的一个重要话题。

"重现这一历史盛景，将隋唐时期有关扬州的传说再现世人眼前，必将吸引众多游客来扬州体验穿越千年的隋唐文化。"市旅游局副局长王明宏表示，以隋炀帝墓保护开发为主体，开发重现中国隋唐文化繁荣景象正逢其时。"比如，隋炀帝壮丽的宫殿'迷楼'，史料说该建筑幽房密室，错杂其间，万折千回，宛如海市蜃楼，又如神仙洞府。"王明宏表示，随着隋炀帝墓的保护开发利用，重塑扬州"隋唐文化"雄风有了更为现实的抓手。

五、结语

在我们对隋炀帝墓进行实地考察时，由于考古发掘需要，隋炀帝墓未对我们开放，虽有些遗憾，但这也体现了相关部门对文物和遗址的保护。

隋炀帝一生钟情于扬州，死后葬于扬州，为我们扬州留下了大量的瑰宝。作为现代人，我们应该仔细研究隋炀帝墓，保护隋炀帝墓及其随葬品，增强历史文化意识，为扬州历史文化名城建设添砖加瓦。

六、参考资料

[1] 桂国,王鑫,陶敏. 中国考古学会昨在扬宣布——隋炀帝墓确认在扬州曹庄[N]. 扬州晚报,2013-11-17(A02).

[2] 桂国,王鑫,陶敏. 隋炀帝墓:江都宫城墙砖砌成[N]. 扬州晚报,2013-11-17-(A03).

[3] 桂国,王鑫,陶敏. 千载疑案因何破解？[N]. 扬州晚报,2013-11-17-(A05).

[4] 郭志坤. 隋炀帝大传[M]. 上海:上海人民出版社,2013.

[5] 陶敏.被误读的隋炀帝:他绝非昏君[N].扬州晚报,2013-11-17(A07).

[6] 慕相中,张庆萍.杨广奠定扬州"陪都"地位[N].扬州晚报,2013-11-17(A06).

[7] 陶敏.千年随葬品重见天日适应吗?[N].扬州晚报,2013-11-18(A03).

[8] 慕相中.邵伟扬.扬州应打造隋炀帝研究高地[N].扬州晚报,2013-11-19(A05).

[9] 孙炎,居小春.重现扬州隋唐盛景正逢其时[N].扬州晚报,2013-11-17(A08).

成果三　扬州古巷文化的调查与研究

扬州中学教育集团树人学校学生　车京殷

指导老师　方松飞

说明:该成果荣获江苏省青少年科技创新大赛二等奖,如图3-3-1所示。

摘要:扬州是我国一座有着2500年历史的文化名城,自隋唐以来就享有盛誉,扬州是一座风景之城,拥有风光秀丽的瘦西湖、北雄南秀为一体的私家园林;扬州还是一座承载着千年文化的"巷城",在追溯历史的名胜古迹里,还有一道藏在深闺的风景线——小街古巷。扬州据说有540多条古巷,四通八达像迷宫一样分布在狭仄幽深的古城市井里。本文通过对扬州古巷的调查与探究,采用实地调查、采访专家和查阅文献资料的方式,发现扬州古巷独特的文化魅力,弘扬和传承古老的中华文明。

图3-3-1

关键词:扬州古巷　历史文化

素有"巷城"美誉的扬州,老城区虽然只有十几平方公里,却有着500多条蕴含绵长历史文化的小巷,有案可查的老街古巷达540多条,形式多样,有夹巷、支巷、串巷等。扬州的巷子多、巷子深、巷子密、巷子弯,巷里有巷、巷子连着巷子、巷子套着巷子,真是方圆十里路,市井小巷深。当你漫步在扬州的古巷,仿佛穿越千年沧桑,古巷解说着扬州的历史,只有在这里,你才能够体会到最古老的扬州风情,最正宗的扬州味道……(如图3-3-2所示)

一、古巷的布局和由来

扬州老城的街巷是在明清之际形成的。元代末年,扬州原有的旧城,位于宋大城的西南角,至正十七年由金院张德林率众改筑而成。《扬州画舫录》卷九中记述,当时扬州的旧城"约十里,周围一千七百七十五丈五尺,高倍之"。明王朝建立后,扬州从宋元的战乱中恢复过来,商业经济迅速发展,重新成为两淮盐业和南北货物的中转交易中心。当时扬州旧城的东郭,由于靠近古运河,形成了一大片繁荣的商业区和手工业区,这片依附旧城而扩展出来的新城原无城墙,明嘉靖三十四年,由知府吴桂芳提议建筑。建成后的新城城墙"自旧城东南角起,折而南,循运河而东,折而北,复折而西,极于旧城东北角止。东与南、北三面,约八里有奇,计一千五百四十二丈。"至此,扬州就形成了旧城和新城庇连的格局,这种格局一直保持到现代,直到20世纪50年代初,才将城墙拆去,在旧城垣的基础上建成了环城路。扬州的街巷因而也有了雏形。为了更加深入地了解扬州的街巷,调查中我采访了扬州大学的民俗专家朱已泰教授。

图 3-3-2

据朱已泰教授所说,扬州街巷布局的形成主要在明代中期,当时的地名都是刻在街巷口的墙面上的。扬州街巷多、起名也特别,有些方式在国内都是独树一帜的。我初步做了统计,老街巷起名的方式有20多种,有的地名与军事有关,有的是按地形,还有的与商业、姓氏、建筑、植物、动物等有关(图3-3-3)。扬州的古巷名称既体现了古代文明传承,更彰显了古人高超的智慧。

在实地调查中我发现了不少反映明清时代衙署痕迹,以官署、机构名称取名的街巷,如院大街、运司街、兵马司巷、馆驿前、通运街、参府街、马监巷、府东街、县学街等。

也有因寺庙祠宇所在而得名的。扬州城内历史上有270多处庵观寺院,至今尚有许多以庵、观、寺、庙命名的街巷,如弥陀巷、三祝庵、旌忠巷、二郎庙、双忠祠、定慧巷、真君巷等。

有因手工作坊而得名的,如蒸笼巷、铁锁巷、明瓦巷、夹剪桥、风箱巷、打铜巷、灯笼巷、雀笼巷、北矢巷、皮坊街、漆货巷等(图3-3-4)。

有以商业、服务行业而取名的,如皮市街、彩衣街、灯草行、石灰巷、香瓜巷、饺肉(饵)巷、羊肉巷、麻油巷、芝麻巷、鸡鹅巷、轿坊巷、堂子巷等,如图3-3-4所示。

图 3-3-3

图 3-3-4

　　调查中还发现有些以地形、地貌而取名的街巷,经过历史变迁至今还保持着当时的地形高低、平面外形、弯曲形状、宽窄程度等特征。如湾子街,凹字街、犁头街、埂子街、鹅颈项湾、龙背等,如图 3-3-5 所示。

　　扬州的盆景誉满天下,扬州的花鸟虫鱼也是独具特色。自古以来扬州人平时就爱喜栽花种树,养鸟饲鱼,所以也发现了许多以动植物名称命名的街巷,如芍药巷、双桂巷、槐树脚、石榴巷、花局巷、木香巷、金鱼巷等,如图3-3-5所示。

更奇特的是,还有以立有镇邪祛巫的标志物而得名的街巷:如石将军巷、如来柱、石狮子巷等。

还有以茶寮、酒馆来取名的,如集贤庄、碧螺春巷、吃吃看巷、醉仙居巷等。

比较有特色的还有以水井、桥梁来取名的街巷:如四眼井、胭脂井、滚龙井、玉井巷、大板井、沙锅井、双井巷、问井巷等。以及以吉祥富贵来取名的,如多宝巷、五福巷、三多巷、紫气东来巷等,真是维扬风物尽在小巷中。(如图3-3-6所示)

在朱己泰教授的启发下,我还发现扬州的古巷名称里隐含有"东西南北中""金木水火土""青黄紫白黑""大小南北"等对称的地名。如南门街、北门街;南小街、北小街;南柳巷、北柳巷;南矢巷、北矢巷;南河下、北河下;南城根、北城根;南讲经墩、北讲经墩;南水关、北水关等。南北街巷对应,十分工整。通过对街巷古地名的调查,我似乎体会到了古人朴素的生活态度:简单对称、讲究平实、贴近自然、方便生活。

二、古巷里的民俗风情

扬州的街巷宽窄不一,宽的 20 米出头,窄的 2 米左右,逼仄的仅有 70 厘米,南柳巷与西营交接处的益人巷便是如此。老城区里街巷最稠密的地段,以甘泉路北侧的仁丰里头巷至十巷和南柳巷到东营、西营的街巷为甚,这些街巷长短纵横,有的笔直交叉,有的曲折蜿蜒,有的沧桑古朴,有的"洋气"十足。这些街巷之间,或可互相通连,或为首尾相接,或则转弯抹角,深藏在车水马龙的闹市区里,沉寂背静,连行人也难得见到,给人一种变化莫测的神秘之感。我的爷爷奶奶家就坐落在那里,小时候我常玩耍于鱼骨状的街巷中,不经意地流连于古巷的扬州民俗风情中。

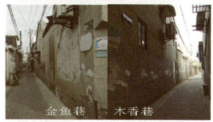

图 3-3-5

图 3-3-6

让我们走进街巷,看看有什么"民间宝贝"吧。调查中我首先来到了北柳巷,那里坐落着"董子祠",是纪念汉代大儒董仲舒的地方,在巷子口有一个不起眼的店铺,在那儿我发现了即将消失的民间技艺"磨剪刀",它可是和"扬州三把刀"配套的老技艺,如图3-3-7所示。我和"磨剪刀"的杨师傅攀谈了起来,原来这可是一个祖传三代的技艺!听杨师傅说:磨剪刀第一步是上砂轮。首先把剪刀坯放上砂轮,刀刃要微微立起来一点,刀要端稳,手要用皮垫垫好,轻轻地拿着剪刀坯在砂轮上打磨约5分多钟,剪刀刃才渐渐会有一些端倪,在没有电动砂轮的古时候,磨刀师傅须用磨刀铲和粗砂轮完成打磨的第一道工序。第二步是给剪刀坯上"油舌"。油舌是磨刀石的一种,用沙子做成,比砂轮更细腻。拿剪刀在上边磨是为了将刀刃打磨得更细。油舌之后,又是"刀砖",刀砖与油舌差不多,只不过是用泥制成,质地更细过油舌。3道工序过后,半把剪刀已经差不多成型,再把另外半把剪刀磨好后,敲上铆钉,一把剪刀才磨好。听着杨师傅的介绍,方知"磨剪刀"还有这么多的学问!在北柳巷北首的龙背巷口还有一家传统补锅的铁匠铺(如图3-3-8所示)。古巷里真是传统技艺生活的故土。

图3-3-7   图3-3-8

听巷子里的老人说,在仁丰里的南巷口有一家建于民国初年的老字号浴池"双桂泉",那里有扬州保存为数不多的"地龙"。什么是"地龙"呀?不会是什么小动物吧,怎么和浴室有关呢?带着好奇,我寻进了"双桂泉",跑堂的伯伯告诉我,"地龙"其实就是烧浴池水的土灶子、大锅堂,又叫"地火龙"。"地龙"也是扬州古老沐浴文化最大的特色之一。"地龙"即浴池下方的土灶,土灶内侧有3道"川"字形的洞口,称为"金门",也就是火口。炉火就是从这3道豁口窜进去,窜入浴池底部,"火龙"通过头池、二池、三池一直到烟囱,其支支脉脉的通道,共有9条,故称为"九条龙"(若浴池稍窄,则为7条),"九条龙"每条宽24 cm、高100 cm,中间还有横龙相通,火脉分布复杂,紧靠烟囱下端,有一条"主龙"和左右两条"分龙",烟尘在这3条"龙"的"龙口"处汇合后排出。这"九条龙"里面的支脉分布堪称九通十八达,火苗在通道中上下窜动,热量于通道中左右散发,进而保持浴池的水温,这样不仅能充分利用能源,保持浴池水温,同时也确保烟雾不被直接送上天空,古人的智慧真是让我啧啧称奇。如今修葺"地龙"的技艺据说已经失传了,保护老街巷里的文化真是刻不容缓。

图 3-3-9　　　　　　　　　　　　图 3-3-10

进入老浴池里才知道有暖池、凉池之分,暖池洗澡,凉池休息。其中暖池又分头池、二池、三池(又叫大池)。头池的底端就是土灶。搓背的师傅们说,冬天里头池气温达 85℃~90℃,二池 70℃~80℃,三池 42℃~43℃。扬州老浴池最讲究的就是一个"水"字,"水圆气足"是扬州沐浴文化的最高境界。如今只有不到 4 家的扬州老浴室仍然保留着"地龙"的传统作业方式。通过走访我觉得扬州沐浴文化的特色在"水包皮","水包皮"的真正精髓其实在"地龙"! 调查中我体会到:地道的扬州文化都藏没在这些古巷之中,正是这些古老的街巷才赋予和保护了那些传统技艺和民俗文化的生命(图 3-3-9,图 3-3-10)。

三、古巷的历史人物

通过调查发现扬州"旧城"的老街小巷里还有许多历史人物的典故! 从现今的巷名都可以寻觅到当年留下的痕迹。我的学校东面,就有一条古巷与明代开国功臣常遇春有关,相传常遇春驻扎扬州多年,在扬州留下众多的名胜古迹与传说,许多扬州古巷与他有关。

常府巷,在扬州树人中学的东面,位于甘泉路以南、汶河南路以东,书中记载明代大将军常遇春于元末投朱元璋起兵反元,至正十五年(1355 年),率兵取淮东,受命任江南行省都督马步水军大元帅,赐第所在称常府巷。后因领兵转战南北,由其子常茂承袭驻守,有常府南巷、常府北巷。

附近还有许多与常遇春日常家庭生活相关的古巷,如粉妆巷,传说是常府女眷梳妆楼所在。四眼井,相传原在帅府赐第中,现在常府巷南,有井栏四口,形如田字,可同时以四桶汲取,井底水流相通,水质清洌,常年不涸,原是常府膳食房所用,至今仍为常府巷居民使用。大实惠巷、小实惠巷,相传是常府的大、小厨房所在地。

禾稼巷,相传后为常府用作谷仓备粮所在,故以禾稼为名。张甲桥、卸甲桥,张甲桥又名送甲桥,在常府巷西首,相传常遇春出师与旋师,分别在该二桥上披甲、卸甲,故名。张甲桥、卸甲桥,还有兵马司巷等都是他披挂出征、指挥打仗留下的印迹,如图3-3-11所示。

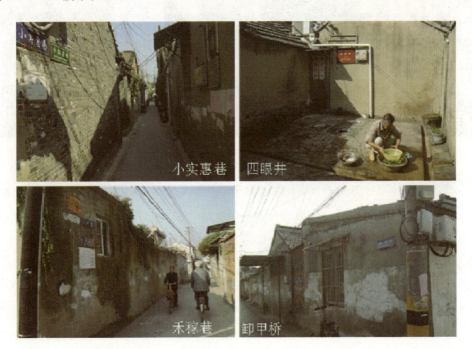

图3-3-11

扬州的古巷名里还有许多历史人物的印迹,如田家巷,在东关街东首,相传明末崇祯皇帝的田秀英贵妃宅第居此,诗人吴梅村《永和宫词》"扬州明月杜陵花"即咏其事;还有太傅街,相传为清太傅阮元故居;曹李巷,因隋秘书学士扬州人曹宪、唐崇贤馆直学士李善而得名……真是"京华风云扬州路,古城小巷皆留名"。

四、古巷的文化街区

扬州的古巷中历史绵长,文化积淀最深厚、最精华的当属东关街和东圈门街区了。从"双东"街区古街老巷地名中,不仅可以窥见扬州的历史文化,还能寻觅到扬州不同时期历史、地理、政治、经济、文化等诸多风貌。一个小园就是一段历史,一块砖雕就是一个见证,一梁一顶都有一个故事,扬州的小巷,不仅以古朴、清幽而引人入胜,蕴藏在其中的文化底蕴、历史遗迹,更让人流连忘返,如图3-3-12所示。

图3-3-12

东关街是扬州城里最具有代表性的一条历史老街。它东至古运河边,西至国庆路,全长 1 122 米,原街道路面为长条板石铺设。东关街拥有比较完整的明清建筑群及"鱼骨状"街巷体系,保持和沿袭了明清时期的传统风貌特色。经调查,街内现有 50 多处名人故居、盐商大宅、寺庙园林、古树老井等重要历史遗存,其中国家级文保单位 2 处,省级文保单位 2 处,市级文保单位 21 处。东圈门、东关街一带的小巷串起了古典住宅园林、寺庙等古建筑,浓缩了扬州民俗风情、人文建筑的精髓,如图 3-3-13 所示。

图 3-3-13

"双东"街区古巷也有显著的特点:一是多而奇。经调查考证,该区域在不到 1 平方公里的范围内有 108 条纵横交错、首尾相连的大街小巷。二是短而窄。一般街道宽度都在 3 米左右,巷道宽度为 1~2 米,长度一般在一二百米至五六十米。三是曲而幽。长短不一、大大小小的街巷,弯弯曲曲,巷巷相套,蜿蜒曲折,内外相通。民间俗语谓:"七弯八扭,处处好走。"游人置身其中,如入迷宫,如图 3-3-14 所示。

图 3-3-14

"双东"街区扑朔迷离的古街旧巷,给扬州这座素以巷城著称的历史文化名城披上了一层神秘色彩。尤其是富庶大户老宅、官宦宅第、书香门第、深宅大院、清代盐商住宅区,典雅的砖刻门楼、高大的防火墙、条石砌铺的老街深巷……特色极为鲜明。从记载着扬州历史的东圈门城楼开始,沿着那些首尾相连、内外相通、曲折迂回的古巷走一回,看两侧历尽沧桑的旧门楼和粉墙黛瓦,听一听小巷深处的扬州白话,可以说,不认识扬州小巷,在某种程度上就等于不认识扬州。

五、古巷的保护与传承

扬州的古巷和老街在扬州数千年城市建设和发展的画卷中,占有特别重要的地位。如同每一座城市的内部都有各种各样的街巷,它们不仅是名称的不同,其风格、来历、走向、故事也都不一样。扬州的古巷老街,由于其特殊的群体规模和独具一格的地方特色,"巷子"的内涵逐步外延,发展为一种文化范畴,如图3-3-15所示。

图3-3-15

随着岁月的飞跃流逝,古城经历了几度沧桑,一些街巷遗迹迷失了,一些名称更改了,一些街巷不见了。远的如斑竹园、薛副使巷、阮千户巷、酱油巷等处,早就让人难以确指其具体所在,甚至连三朝阁老、九省疆臣阮元出生的白瓦巷,今人也不知在何处。近年来由于城市改造建设运动的展开,诚如《老北京》作者徐城北先生在《悠悠胡同情》里说:"老城区中每修建一片楼房就要灭掉若干胡同",以致"胡同原先的文化在这里已经看不见了"。

古巷保护刻不容缓。目前的古巷里,因原住民多是一些老年人,随着他们逐渐离开,古巷房屋无人看管、年久失修,逐渐成了危房,石碑、石鼓、井栏频繁被盗。也有些名人故居因进行现代化的仿古改造而失去了历史原貌,如图3-3-16所示。古巷内的传统手工艺匠人因竞争不过现代的快餐屋、奶茶店而纷纷被迫离开,古巷异化成为小吃一条街、旅游摇钱树,失去了原来的风韵与文化。通过调查我觉得:尊重历史发展,弘扬中华文化,不应为了保护而保护,而是要在创新中保护,在发展中保护。作为新一代的中学生,我们有责任让扬州老城区丰厚的文化遗产永远传承下去,主要有以下4个方面的想法:

图3-3-16

(1)在古巷保护上要做到"古""土""文",凸显扬州文化特色。

"古"就是要传承古城文脉、保存古城信息,在每一个古巷口都要树立介绍古巷变迁历史的铭碑;"土"就是在古街道的改造规划中,要达到原真性,确保整旧如旧,原汁原味,从维修的技艺、用料甚至产地都做到古今一致,使其真正"原脉相承、延年益寿";"文"就是不仅保护好单体文物建筑,而且要保护好整体环境,不大拆大建,注重文化和谐、风物和谐,同时保护好古巷里的老技艺、老传统和老民俗,让古街古巷、古建筑群的历史文脉得以延传下去,如图3-3-17所示。

图3-3-17

(2)扩大古巷文化影响面,提高扬州古巷的知名度。

只有发展才能更好地保护,通过提升古巷文化品牌,吸引更多的人关注扬州古巷的保护。时代在发展,人们的文博保护意识也要提高,如今人们都在反思50年代"拆城墙、建马路"、60年代"大炼钢铁"给文化带来的破坏,那么我们更应以史为鉴,不能失去了才后悔!古巷的知名度扩大了,古巷保护的经费、古巷保护的价值也将受其影响,调查中我们发现:须花大力气从多方面、运用多种媒介和途径,宣传和推广扬州古巷的知名度,让更多的人认识到它的价值,明白保护古巷对于我们生活的意义。

(3)充分挖掘扬州古巷的价值,展示古巷价值链。

扬州的古巷里埋藏着许多有待发掘的文化,走访中发现有值得研究的明清风格砖雕门楼,宋元时期的青石板路,包括高大的防火墙设计,特别是古巷的防火设计、雨水引流设计、建筑的风水五行摆设,甚至民俗风物等,都是需要我们认真研究和学习的地方。保护好古巷,就是保护好了学习和研究的素材;保护好古巷,才能使我们的城市文化发展脉络更好地流传给后人。

(4)深度开发"古巷游",在开发中保护,在保护中传承。

扬州小巷,巷名琳琅满目,值得玩味;巷形千变万化,十分复杂,引人入胜;巷景,也千姿百态,丰富多彩。扬州古老的文化,大多沉淀在扬州小巷深处,将古巷与园林、古巷与风物串联起来,从唐代的银杏、宋代的水井、明代的木屋、清代的盐商住宅的砖雕门楼,再到园林山庄、市井民风,要深度开发古巷游,弘扬扬州古巷之美,让美丽的古巷充满寻觅和爱护它的游客,通过满足自驾、徒步和原生态旅游的发展需求,使得闹中取静、似远实近的扬州古城脉络焕发青春的活力,如图3-3-18所示。

图3-3-18

2017年是古城扬州建城2 500周年,这一条条令人神往的古巷见证着历史的沧桑,这一个个传奇精灵的故事弘扬着古巷的文化。我们要尊重先人留下的宝贵财富,让文化渊源绵长,让扬州永远充满中华文化的灵魂气息,把扬州建设成一座古代文化与现代文明交相辉映的城市。

成果四　扬州经典建筑及其建筑材料的调查研究

扬州中学教育集团树人学校学生　沈宗奇

指导老师　沈文楼

说明: 该成果荣获江苏省青少年科技创新大赛一等奖,如图3-4-1所示。

一、引言

扬州是一座有将近2 500年历史的古城,它拥有中国最古老的运河、汉隋帝王的陵墓、唐宋古城遗址、明清私家园林等众多的文物保护单位。扬州老城区建筑文化积淀厚重,有大量散布在老街古巷中的建于明、清及民国期间的传统民居,它们记录了扬州各个时期的民居建筑风格,形成了扬州老街老巷的历史文化韵味。尤其是大量的盐商住宅,更给扬州的建筑史画上了浓墨重彩的一笔。我们一直想去这些古建筑实地考察一番,只苦于没有时间。这个周末,我们一起去了几个有代表性的古建筑,收获颇丰。

图3-4-1

二、调查经过

今天,天气晴好,我们骑车来到位于扬州梅花岭畔的史公祠。大门上方,悬挂着一块匾,上书"史公祠"。跨过不高的门槛,我们就进入了一个大院,地上铺满了落下的金黄的银杏树叶,不时有树叶被风吹落,如图3-4-2所示。那两棵银杏树,饱经沧桑,已有了数百年的历史,虽然是冬天,但它们依然不失生机。向前走,是飨堂,映入眼帘的是一副对

图3-4-2

联:"数点梅花亡国泪,二分明月故臣心。"这也许是对史可法的真实写照。对联被固定在两根木头柱上,柱子也支撑起了整个屋檐。飨堂正中有一尊史可法的塑像,两旁是木制屏风,雕刻的似乎是梅花和岩石。抬头向上看,我们看到一根大梁横贯整个飨堂,而柱子设计得很巧妙,隐藏在屏风后面,紧贴着墙。

离开史公祠,我们又骑车来到两淮盐运使司。它的屋檐由四根柱子支撑起来,每两根柱子之间有四朵斗拱,各个柱子上也都有一朵斗拱。我们了解到,这个衙门建于明清时期,而那时,只有官家的建筑才能使用斗拱,而且许多斗拱已变成了装饰作用,而不只是结构上的支撑。可惜的是,建筑没有开放,我们只得转战。

来到卢氏盐商住宅,如图3-4-3所示。透过大门看去,是一面墙,上面是浮雕的福祠,里面供奉着土地神。其他地方的古建筑,一般大门都直对着内门,可我们扬州的则别具一格,外门向一边偏离内门。走进大门,转过身,是一座门楼,它由几根柱子支撑着,这些木柱的下方,是础。础,顾名思义就是基础,它插在地上,相当于地基。础的侧面是一个球面,上下却是平的,木头柱子就放在上面。柱子与础之间没有一点黏合痕迹,只是平放在上面,竟屹立不倒。往前走,就是一间大房子,里面很暗,但还能看见一些结构。柱子上方是复杂的框架结构,梁、柱、桁之间竟是拼接构成,之间用榫卯结构连接。走出这个大厅,是一条走廊,走廊的两侧隔几米就有一根柱子,柱子支撑着一根短短的梁,上面有两根侏儒柱,侏儒柱又支撑着椽子。在那短短的梁上有一处雕刻得十分精致。走廊右边有一个微缩的景观,是两棵树,树的后面是一个隔断,隔断上有镂空的花窗。沿着走廊一直走,我们又来到了住宅区,对照着1961年的建筑实测图,我们发现,有的础上面没有了柱子,柱子被移到了别处。原来,这儿在1980年代曾遭受大火,只有几间房子保存完好,剩下的或多或少都重建过,建筑结构也稍有改变。天井很大,这儿以前就是这家人起居和活动的地方。不知怎么的,我们穿过一扇门,来到一条长长的火巷,这是为了阻隔大火和方便逃生而修建的。又走过一扇门,来到意园,

图3-4-3

也就是私家花园。虽然是冬天,但意园里常青的植物依然繁茂。一棵有一百七十年历史的紫藤栖息在角落里。接下来我们走上意园旁边的走廊,来到了一个六角亭。向上看,只见这个亭子的梁先是搭了一个等边三角形,再搭了一个六边形。最复杂的是椽子,由于是六边形,所以它的转角很多。椽子也很密,一个挨着一个。

出了盐商住宅,我们骑车路过吴道台宅第,从外面看,它的角都是翘起的,很有浙派风格,但也融入了扬州特有的元素,独具一格。在回家的路上,我们看见了一个正在拆的建筑,可以清楚地看到房屋的结构。

三、建筑概述

清代卢姓盐商住宅是扬州现存规模最大的盐商住宅建筑,也是反映扬州盐文化的重要遗迹。宅主为商界巨富卢绍绪,据介绍,此宅建于清光绪年间,占地面积万余平方米,当年兴建此宅耗银 7 万余两。1981 年遭火灾,毁照厅、大厅、二厅、女厅四进房屋。2005 年市政府对宅第进行了修复,历时半年。

吴道台宅第兼收宁波、扬州两地特色的传统建筑风格,以浙江建造法则为基础,又糅合了扬州传统的建筑风格,为扬州古建筑中独具一格的住宅建筑群。整个宅第为长方形大院落,东西长 80 米,南北宽 70 米,宅第规模宏大,结构精巧。

史公祠是明代抗清英雄史可法的衣冠冢。祠中有史公及当年殉国将士的牌位,以及用于凭吊、纪念的飨堂。衣冠冢前有"史忠正公墓"石碑。祠内保存有各种史可法的书法、文章、资料。祠院后有梅花岭,其上亭台水榭,遍植梅花。

它们的有关信息如表 3-4-1 所示。

表 3-4-1

名 称	地 址	始建年代	建时用途	现在用途	文物级别
史公祠	广储门外街 24 号	1776 年	墓祠	纪念馆	江苏省
卢氏盐商住宅	扬州市区康山街 22 号	1894 年	住宅	旅游景点、饭店	江苏省
吴道台宅第	扬州市区泰州路中段	1904 年	住宅	旅游景点	全国

四、结构与抗震研究

近年来,地球上地震多发,许多现代建筑都有很大的损毁,那么这些建筑经百十年而不倒的缘故是什么呢?我们所到之处,史公祠、清代卢姓盐商住宅和吴道台宅第房屋结构不尽相同,但都是木结构或者是砖木结构的建筑,有的曾经倒塌,有的曾毁于火灾。常见的房屋结构如表 3-4-2 所示。

表 3-4-2

结　构	简　介	抗震级别
钢结构	钢结构是以钢材制作为主的结构,是主要的建筑结构类型之一。钢材的特点是强度高、自重轻、刚度大,同时由于钢材料的匀质性和韧性好,可有较大变形,能很好地承受动力荷载,具有很好的抗震能力	★★★★★
框架结构	以梁和柱来承重,它的梁、柱还有楼板都是现浇而成的。现浇的房子抗震度比较高,防水性比较好。目前,高层住宅的建筑结构主要采用这种方式	★★★★
砖混结构	砖混结构是混合结构的一种,是采用砖墙来承重,钢筋混凝土梁柱板等构件构成的混合结构体系。适合开间进深较小,房间面积小,多层或低层的建筑,对于承重墙体不能改动,抗震性一般	★★★
木结构	木结构是用木材制成的结构。木材是一种取材容易、加工简便的结构材料。木结构自重较轻,便于运输、装拆,能多次使用,故广泛地用于房屋建筑中,也还用于桥梁和塔架。抗震性强	★★★★★★

　　就古建筑的保护与抗震情况,我们也通过请教专家和实地考察,结合上表内容,得出以下结论:

　　木结构本来就是一种框架结构,我觉得,可以在建房子的柱子等承重比较大的部件处使用钢筋混凝土,以增加建筑的强度,延长建筑使用寿命。许多古建筑的屋檐都普遍不长,只有几十厘米。这就是因为椽子的强度不够大,支撑不了更长的屋檐上面的瓦片。据了解,古建筑木柱的粗细是根据房子的大小来定的,之间有一定的比例。所以,我想,如果将这些承重大的部件用强度更高的钢筋混凝土来代替,可以让建筑更经久耐用。而那些部件之间的连接,却可以用斗拱结构。因为构成斗拱结构的是榫卯结构,它固定得十分牢固,而且在重量上有优势。地震时,斗拱只会稍有松动,而不会直接断裂。木头的优点是轻,又有一定的强度。木头有很大的可塑性和灵活性。在建故宫时,由于需要很粗的木材,要从远方调运,人们就将木材放入长江,让它顺流一直漂到东部,再从运河漂到北京。由此可见,木材有很大的灵活性。在卢氏盐商住宅中,我看见好多柱子和梁都微微歪斜,但房子却依然能够屹立不倒。许多柱子上都有补的痕迹,木材还能依然维持坚韧,但换成了钢筋混凝土,要想修补就困难得多。但木头的缺点也显而易见,那就是怕风吹日晒,这就是为什么南方硬山式建筑多,而悬山式建筑少的原因。南方雨水多,悬山式建筑暴露在外面的木头板墙受不住南方多潮气的考验,所以只能改建外面是砖墙的硬山式建筑。

　　如今,随着钢筋混凝土和钢架结构的出现,中国传统建筑正面临着一个严峻的局面。诚然,在中国传统建筑和最现代化的建筑间有着某种基本的相似之处,但是,这两者能结合起来吗? 中国传统的建筑结构体系能够使用这种新材料并找到一种新的表现形式吗? 可能性是有的。但这绝不应是盲目地"仿古",而必须有所创新。否则,中国式建筑将不复存在。

　　古代建筑的斗拱也很有讲究。唐代的建筑,柱子中间一般只有两三朵斗拱,而到了明清,斗拱有了装饰的作用,柱子间能有多达八朵斗拱。扬州古代建筑的天井很精巧,四周都是屋檐,中间是一大片天井,给人一种通透的感觉。我路过胡仲涵故居时发现那里已经被改造成了一家饭店,但仍不失古风古韵,里面很好地将木结构与框架相结合,天井也用阳光板封了起来。

　　现在房产市场上也有木结构房屋,但大家普遍有误区,认为木结构强度不高,其实不然。波兰的 Gliwice Radio Tower 是全用木结构建成的,如图 3-4-4 所示。它高 118 米,从图片上看,它在木结构中间留了很多空隙,这样有助于减轻重量。

　　江苏常州的天宁塔有 153.79 米,是世界上最高的木结构建筑,而且抗震,如图 3-4-5 所示。木结构建筑中大量运用斗拱结构,这样,在地震时,它只会松动,而不容易断裂甚至崩塌。这种建筑不但抗震性强,即使被强震震塌,对人的伤害也没有混凝土大,而且易于重建。

图 3-4-4

图 3-4-5

五、小结

　　经过调查研究,我们对扬州的古建筑有了浅显的了解。尤其是实地的调查给了我们很多启发,不仅使我们叹服于古人的智慧和创造力,而且同时也让我们了解到了扬州在古城保护方面所做的种种努力。比如吴道台宅第曾经作为第一人民医院的职工宿舍使用,现在投入巨资进行全面修缮和复建,扬州人家喻户晓的"99 间半"重现光华。史公祠后院的众多碑记见证了历代对古建筑的修复,其中也包括新中国建立后的全面整修。我们了解到,日本的许多神社践行一种"造替"的习惯,也就是每几十年拆卸重建。正是因为一代代人对木建筑的悉心照料,古代的文化才能保存至今,木结构的优越性才能为今人所知。现在,扬州的古建筑保护已经有了很大的发展,期待政府能有更大的进步。我们将继续按照小组计划,走进扬州古建筑,了解建筑的形式和内涵，期待未来能借鉴古人的智慧，通过自己的努力，设计出耐用、美观、廉价的优秀建筑。

六、参考资料

[1] 陈从周，《扬州园林》
[2] 朱正海，《扬州名城解读》
[3] 梁思成，《图像中国建筑史》；美国《国家地理》2012 第 12 期
[4] 央视纪录片《故宫》

致谢

本调查研究活动得到方松飞老师的鼓励与指导，在此表示感谢！

成果五　扬州空气质量状况的调查研究

扬州中学教育集团树人学校学生　王蔚沁

指导老师　方松飞

说明：该成果荣获中国少年科学院"小院士"课题研究成果一等奖，江苏省青少年科技创新大赛二等奖；王蔚沁同学被聘为中国少年科学院小院士，如图 3-5-1 所示。

图 3-5-1

摘要：本文介绍了扬州市空气质量的总体情况。从空气污染的主要原因入手，通过文献研究法、综合数据分析法，剖析扬州空气质量现状，提出合理建议。

关键词：空气污染；扬州空气质量；改善

如今,空气质量指数(AQI)是大家都在议论的热点,也是全中国乃至全球性的环境问题。空气质量的好坏反映了空气污染程度,它是依据空气中污染物浓度的高低来判断的。空气污染是一个复杂的现象,在特定时间和地点,空气污染物浓度受到许多因素影响。来自固定和流动污染源的人为污染物排放大小是影响空气质量的最主要因素之一,其中包括车辆、船舶、飞机的尾气,工业企业生产排放,居民生活和取暖,垃圾焚烧等。城市的发展密度、地形地貌和气象等也是影响空气质量的重要因素。

为了了解扬州市区空气质量的现状,作者利用课余时间,走访扬州市环境检测中心和市环保局监测点,采集有效数据,比较不同状态下城市空气的污染指数,进而唤起大家对环境保护的主体意识。

一、扬州空气污染的主要原因

空气污染通常是指由于人类活动或自然过程引起某些物质进入大气中,呈现出足够的浓度,达到足够的时间,并因此危害了人类的健康以及生活、自然环境的现象。扬州的空气污染源主要有以下几点：

1. 工业污染

工业生产是空气污染的一个重要来源。扬州近年在积极进行工业发展,然而工业发展带来的污染也同样不可忽视。工业生产排放到大气中的污染物种类繁多,有烟尘、硫的氧化物、氮的氧化物、有机化合物、卤化物、碳化合物等。它们有的是烟尘,有的是气体。

2. 生活油烟

扬州市区,特别是市中心,有许多露天烧烤的摊点。烧烤使用的燃料多为木炭或焦炭,燃烧时会产生大量的煤烟。此外,煤炭在燃烧过程中要释放大量的灰尘、二氧化硫、一氧化碳等有害物质污染大气。而这些摊点往往设在人流密集区,呛得人咳嗽,还影响人们的健康。这也是一种不容忽视的污染源。

3. 交通运输

随着扬州的不断发展,市区机动车的数量也越来越多。现在,扬州市区共有23万路面上跑的机动车。市区的机动车量大而且集中,尾气所排放的污染物能直接侵袭人的呼吸器官,对城市的空气污染很严重。就拿最近大家都在关注的PM 2.5来说,扬州PM 2.5污染构成中,机动车占第一位,达18.59%,成为空气的主要污染源之一。汽车排放的废气主要有一氧化碳、二氧化硫、氮氧化物和碳氢化合物等,前三种物质危害性很大。

4. 建设扬尘

扬州目前渣土车一般为夜间行驶,但渣土车扬尘问题仍未得到有效解决。渣土车只顾自己多拉快跑,横冲直撞,行驶途中常有渣土落下,开过去之后灰尘多得让人连眼睛都睁不开,路面甚至变成了土黄色,如图3-5-2所示。此外,正在施工的工地也是扬尘的产生原因之一。

其中,作者对汽车尾气排放对空气污染的影响进行了数据比对分析,如表3-5-1所示。

图3-5-2

表3-5-1 市中心和景区空气质量对比　　　　单位:μg/m³

2014.9.22

检测地点	PM10	PM2.5	二氧化硫	氮氧化物
文昌阁(市中心)	135	66	34.4	64.2
蜀冈西峰(景区)	35	20	28.3	34.1
标准值	150	75	500	250

9月22日是"中国城市无车日",无论是景区还是市中心,所测的PM10、PM2.5、二氧化硫和氮氧化物都符合了国家标准,并且空气质量有所好转。然而通过对比可以看出,两地车流量存在差异,文昌阁PM10浓度值比蜀冈西峰高出2.86倍,PM2.5浓度值高出2倍,二氧化硫浓度值高出0.21倍,氮氧化物浓度值高出0.88倍。由此可见,机动车尾气对空气污染影响较大,市民不开车对保护空气质量有很大好处。

二、扬州近期的空气质量

由于目前扬州的空气质量监测仪为自动监测,所以作者未能亲自进行监测。监测仪分为几个切割头,分别对不同种类的污染物进行收集和分析,每小时上传数据。市检测站空气质量检测仪如图3-5-3、图3-5-4所示。

图3-5-3

图3-5-4

为了更直观地了解扬州近期的空气质量变化趋势,作者采访了环保局的相关人员,并选取了扬州一天(24 小时)的空气质量变化数据、近 3 个月的空气质量变化数据以及 9 月与去年同期的空气质量变化数据制成 3 份折线图。

10 月 5 日 12 时至 10 月 6 日 12 时,扬州市的空气质量指数趋势如图 3-5-5 所示。

图 3-5-5

从图 3-5-5 中我们可以看出,这两天扬州日间空气质量总体平稳,随着夜幕的降临,空气质量变得越来越差,到了白天又会逐渐转好。作者采访市环保局相关部门吴主任了解到,造成夜间空气质量比白天差的原因是多方面的,空气质量的好坏与天气有关。夜间的气候条件与白天不太一样,不利于污染物扩散。昼夜间的垂直温差变化明显,当地面温度高于高空温度时,地面的空气容易上升,污染物容易被带到高空扩散;当地面温度低于高空温度时,天空中就形成逆温层,这个逆温层就像一个大盖子一样压在地面上空,使地面空气不能上升,空气中的各种污染物就不能扩散。一般在夜间、早晨和傍晚易出现逆温层,所以,在这些时间里空气最污浊。到了白天,当太阳出来后,地面温度迅速上升,逆温层就会逐渐消散,于是污染物也就很快扩散了。当然,有些企业也会在夜间偷偷排放废弃的污染物,所以也不排除企业夜间偷排的可能性。

今年扬州市 1~8 月的空气质量趋势如图 3-5-6 所示。

图 3-5-6

其中 8 月份空气质量有明显好转,原因是 8 月以来扬州市的高温天气不多,还有受到全省气候条件的影响。此外,由于青奥环境保障,8 月份扬州工地多半停产、企业限产停产,这些措施都助力了8月扬州的良好空气状况。青奥会结束后的9月空气质量依然保持良好。9月以来,气压高、风力大等有利气象条件有助于污染物的扩散。此外,扬州9月持续降雨,更是让空气污染物得以迅速扩散。今年9月与去年同期扬州空气质量指数趋势对比如图3-5-7所示。

图3-5-7

从图中3-5-7我们可以看出,虽然近年来扬州多方都开始重视空气质量,但2014年9月空气质量指数依然要高于2013年同期。9月初的数据甚至比去年同期高出了一倍多。由此可见,目前实施的空气污染治理方案依然有待完善。

作者也利用自己购买的PM 2.5监测仪对学校及化工厂区进行了布点监测,如图3-5-8所示。

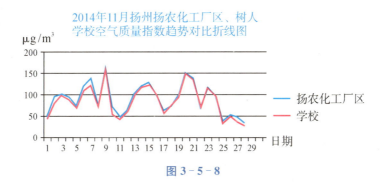

图3-5-8

从图3-5-8中我们可以看出,学校周围的PM 2.5指数要略好于化工厂周围的PM 2.5指数。同时,25号到30号期间均为阴雨天,最高气温均在20摄氏度以下,空气质量也较好。由此看出温度和天气也是影响PM 2.5浓度的重要因素。一般来说,低温和雨天能有效降低扬尘等可吸入颗粒物的浓度。

三、几点建议

空气污染的形成原因是多方面的,在空气污染日益严重的今天,空气污染已经引起了多方的重视,对其成因及控制治理也取得了一定成果。作者在收集到的相关数据的基础上结合环保局专业人士的观点,给出如下几点建议:

1. 农业：秸秆处理得当

扬州市区周围有许多村镇,有许多农田。春、秋季农忙期会产生大量的秸秆。此时应大力宣传,加强对农民的思想教育,收集秸秆。若有必要,可进行适度补贴。对于秸秆,可以推广机械化秸秆还田,将其粉碎发酵成肥料使用;对其进行过腹还田,有效改变秸秆的组织结构,使秸秆成为易于家畜消化、口感好的优质饲料;将秸秆粉碎后,与其他配料科学配比做食用菌栽培基料,培育食用菌能有效地解决近几年食用菌生产迅猛发展与棉籽壳供应不足的矛盾;农作物秸秆可制成纸张,市场上已有售,应大力推广。此外,秸秆还可制成沼气,用于生物质发电等。

2. 工业：建筑工地渣土车扬尘

建筑工地上的渣土车往往都是装得满满的,特别是夜间,路上车流少,更是横冲直撞,扬尘现象非常严重。建议为渣土车加上盖栏板,这样可以有效减少车上砂土等货物引起的扬尘。此外,渣土车应经常冲洗,减少车身残留的尘土。如果遇到污染天,应停止运输作业,建筑工地也应停止施工,如图3-5-9所示。

图3-5-9

3. 交通：公交车改为新型环保公交,淘汰老旧车

目前扬州市区共有23万辆路面上跑的机动车,其中排放不达标的黄标车和老旧车总量约为3万,有关部门应对排放不达标车辆实行禁行等措施。公交车排放不达标的,应尽快淘汰改为新型的新能源公交。

4. 餐饮：露天烧烤污染

针对露天烧烤污染这一城市的顽症,相关部门要给原来用木炭和焦炭的烧烤摊点加设净化装置,尽可能地减小浓烟排放;同时针对电费成本高等问题也应进行适度补贴,避免安装后使用率不高的问题。广大市民也要养成良好的卫生饮食习惯,不吃或少吃露天烧烤的食品。

5. 市民：加强环境教育,提高全民的环境意识及自我保护意识

对市民加强宣传教育,使他们能够从平时的点滴小事开始自觉做对空气质量有益的事;同时还要以政府的管理、有关规定的完善等手段加以配合。对于市民来说,平时应多注意空气质量的变化趋势,若有空气污染或为特殊气候,则应尽量避免室外的活动,做好个人防护。

扬州一直以生态宜居而闻名,扬州应该拥有跟城市地位相匹配的空气环境。扬州

也应率先做出治理大气污染的动作和示范。空气污染之下没有人可以做看客,与其埋怨,不如行动起来。

四、参考资料

[1] 百度百科:空气污染 http://baike.baidu.com/view/17349.htm?fr=aladdin.

[2] 夜间空气质量为何比白天差 http://3g.163.com/news/article/9NC7TPIG00014Q4P.html.

[3] 百度百科:秸秆焚烧 http://baike.baidu.com/view/4492519.htm?fr=aladdin#3.

附录:课题研究采访照片

1. 采访宣传教育处相关人员,如图 3-5-10 所示。

图 3-5-10

2. 介绍空气质量监测仪,如图 3-5-11 所示。
3. 采访污防处朱华伟处长,如图 3-5-12 所示。

图 3-5-11

图 3-5-12

成果六　扬州文化古迹资源的保护与内存价值发掘的研究

扬州中学教育集团树人学校学生　俞尚伯

指导老师　孙家光、方松飞

说明：该成果荣获中国少年科学院"小院士"课题研究成果一等奖、江苏省青少年科技创新大赛二等奖，俞同学当选为中国少年科学院小院士，如图3-6-1所示。

图3-6-1

一、课题的提出

近年来随着扬州经济的持续快速发展，"4·18国际商贸旅游节"的影响在全国乃至全世界不断扩大，"精致扬州、幸福扬州、创新扬州"这一先进构想逐渐深入人心。来扬旅游、投资的企业、个人与日俱增。扬州市委市政府也紧扣时代脉搏，紧抓宝贵机遇，对全市的历史文化资源进行了规划、整合、开发，在短短3年的时间里先后对176条古巷进行了整改，东关街、教场等一系列历史文化景区成为集文化旅游商贸为一体，创造巨大影响力、经济收益与民生福祉的成功改造典范。

辉煌在继续，改进也须深入。通过对各项目的持续关注，我认为有些项目在某些方面仍有一些建设须改进，这样才能在时代潮流中独树一帜，突出扬州的特色，融入扬州的精气神，尽显扬州的独特魅力，并创造出更多更大的辉煌。

二、研究的步骤

1. 收集资料

收集并查阅了大量的历史文化资料,对各目标景区进行了初步了解。教场建于明初,兴于明清。最初为明将常遇春练兵之处,历经沧桑逐渐成为"十里长街市井连"的繁华所在,后毁于战火。所以,教场本身包含着两大特色:演武中心与商业中心,如图3-6-2所示。

图3-6-2

2. 实地走访

对东关街及教场进行了走访,对其建筑风格进行了考察,并将其与扬州传统建筑风格进行了对比,并且找到了对比鲜明的图片。历史上扬州的建筑早已形成了鲜明的包容"南秀北雄"的建筑风格。扬州的传统建筑中,马头墙源于徽派建筑,花园酷似苏州园林,入口空间使人想起北京四合院的福字照壁,高大敦厚的外围清水砖墙又如山西民居。这些建筑融合了多种风格和流派,形成了"和而不同、同则不继"的文化特色。古代扬州的小巷四通八达,曲径通幽。这是扬州的特色和魅力。

图3-6-3

3. 采访了解

对东关街中从事文化行业者进行了采访,了解行业状况,及其与扬州独有文化的关系。在主干道上,一些从事文化产业经营的店铺的营业空间被一些从事大众化流通商品的店铺所挤占(如图3-6-3所示),导致其陷入困境。一旦这些店铺倒闭,或被迫搬迁,东关街所拥有的文化风味将会消失,它的魂魄也将从此失去。

4. 问卷调查

发放调查问卷,对学生及家长对扬州历史文化的了解程度进行调查。问卷的内容包含古代与现代扬州的知识,扬州的名人、胜景、历史沿革、诗句等。调查的结果显示扬州人对古老的扬州越来越陌生,有的竟如外乡人一般对扬州一知半解。扬州古老的文化正在悄然湮没,湮没在历史的深处,不可触摸。

5. 查阅资料

了解扬州还具有开发潜能,具有特色的文化资源。扬州有着大量与少数民族文化息息相关的场所,拥有具有红色价值的革命圣地。扬州可以分区域开发旅游资源,集中展现汉唐清等时代的极度辉煌以及文化风采。准备相机等设备,在实地调研时,拍摄典型场面,并制作一份调查问卷。

三、结论

1. 古韵扬州

古教场的重建未见传统。通过对教场进行实地走访,发现该地建筑均未能体现扬州传统建筑的风格,尤其是未能把握住教场的前世今生之魂,如图3-6-4所示。

图3-6-4

历史上扬州的建筑早已形成了鲜明的包容"南秀北雄"的建筑风格。扬州的传统建筑中,马头墙源于徽派建筑,花园酷似苏州园林,入口空间使人想起北京四合院的福字照壁,高大敦厚的外围清水砖墙又如山西民居。这些建筑融合了多种风格和流派,形成了"和而不同、同则不继"的文化特色,如图3-6-5所示。

图3-6-5

如今教场建筑的风格却与传统风格大相径庭。教场建于明初,兴于明清。最初为明将常遇春练兵之处,历经沧桑逐渐成为"十里长街市井连"的繁华所在,后毁于战火。所以,教场本身包含着两大特色:演武中心与商业中心。本着修旧如旧的原则,重建后的教场应该是扬州精武之气与对外开放"国际"之魄的活化石,是传统扬州文化风俗的再现与表现场所,是流金岁月的精华,建筑风格与布局应该更加偏向于明清风格,步移之间,人们既可以追忆常大将军的飒爽英姿,身临扬州城繁花似锦的似水年华,品味悠久的城市韵味,又可以在当今时尚潮流中畅游。

重建后的教场建筑已完全看不出源于徽派建筑的马头墙、北京四合院的福字照壁的入口空间(山西民居的高大敦厚的外围清水砖墙,倒是依稀可见),也不见那高低交错、错落有致的扬州古典商铺,既不见其表,也不见其里。作为古典建筑重构,既不能勾起人们的怀古幽情,也不能使人们触摸到扬州这座城市的灵魂。行走其间,看到的只是一幢幢只在屋顶进行了简单的改造而主体还保留着现代风格的略显不伦不类的建筑,感受到的只是如普通商业步行街一样的略显空洞的浮华。扬州的根,在何处?

2. 小巷扬州

东关街的改造不够彻底。小巷深处是扬州,扬州深处是宜居,如图3-6-6所示。古代扬州的小巷四通八达,曲径通幽。这是扬州的特色和魅力所在。而东关街的改造仅仅局限于主干道的改造,而未能对周边小巷进行蔓延式开发、深入式开发,使得其丧失了向外界展示扬州小巷文化、小巷特色的绝佳机会。这样的扬城,是平面的扬城,而不是立体的扬城;这样的扬城是掠影的扬城,而不是三分的扬城。

同时在某些细节上应该稍加注意,如安装在街上的路灯使用了中式灯体,却使用了西式灯架,确实有煞风景。在主干道上,一些从事文化产业经营的店铺的营业空间被一些从事大众化流通商品的店铺所挤占,

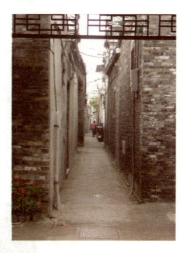

图3-6-6

导致其陷入困境。一旦这些店铺倒闭,或被迫搬迁,东关街所拥有的文化风味将会消失,她的魂魄也将从此失去。所以我认为,政府在招商引资时要对企业进行甄别,应对这些处于困境中的文化商铺进行补助支持,使它们可以在东关街上站稳脚跟,为东关街增添一抹文化色彩。如今来此的外地游客越来越多,来此地的住宿者也与日俱增,所以我认为,在东关街周围建设大规模停车场等配套设施,注意景区内服务保洁卫生工作的开展,进一步加强对景区服务人员的文化培训很有必要。这样我们既可以通过人性化的手段使游客们玩得开心、舒心、放心,也会使他们对扬州文化的认识更加深刻,让他们的扬州梦更加美好,使得更多的四海宾朋认识扬州、光顾扬州、爱上扬州。

3. 和谐扬州

通过查询资料,发现在扬州有着大量与少数民族文化息息相关的场所,如扬州的菱塘回族自治乡,城区中被誉为"中国四大清真寺"之一的仙鹤寺,如图3-6-7所示。埋葬着西域先贤普哈丁及爱国将领左宝贵的普哈丁陵园。扬州市可充分利用此类资源,进行全方面、多层次的地开发宣传利用。如在连接仙鹤寺与普哈丁陵园的运河航线上加入民族特色讲解,在左宝贵的阵亡日举行悼念仪式。这样既可

图3-6-7

以激发人们的爱国热情,也可以增进民族间的认同感,使得民族关系更加和谐,民族友谊更加牢不可破。

4. 红色扬州

2011年是建党90周年,扬州也应该把握此次机会,充分利用城市的红色资源进行革命传统的教育。扬州可在东关街以曹起溍故居为依托,建设扬州早期革命斗争纪念馆;修复熊成基故居;完善朱自清故居和邗江槐泗曾玉良纪念馆的展示内容;还可在扬州西郊机场原址建一座"建国号"专机起义纪念碑,为市民提供接受地方革命历史教育的基地,使游客在领略古城风貌的同时,接受革命传统教育,如图3-6-8所示。

图3-6-8

5. 鼎盛扬州

扬州可以分区域开发旅游资源,集中展现汉唐清等时代的极度辉煌。扬州在历史上曾多次兴盛,而每次的中心区域都不一样。为体现扬州通史城市的特点,在扬州城北可以迷楼、炀帝陵、唐城遗址群为依托打造隋唐文化区;在城东重塑竹西八景,再现当年的竹西佳处;在东关街梅花岭打造明清景区;在淮海路、国庆路,以绿杨旅社(如图3-6-9所示)、盐务司为核心打造民国景区。在扬州城的西区,可以大型博物馆为主题综合展示扬州的历史文化,同时这些博物馆也与扬城快速发展的新城西区遥相呼应,正体现了扬州历史文化与现代文明交相呼应这一城市特点。

图3-6-9

6. 诗意扬州

我市可适当挖掘和恢复一些历史上著名的景观,如在复建铁佛寺建筑时,可依山傍水种植红枫,再现宋代"铁佛红枫"景观。在扬州城北可以恢复禅智寺,重现禅智寺好风光和那令无数人魂牵梦萦的竹西八景。对于那些无法恢复的,或一时难以开发的如探花巷、常府巷、三元巷、徐凝巷等在地名中或纸面上的文化,我们也应让人们更加了解它们。通过发放调查问卷发现,扬州人对于自己纸面上的文化还不够了解,更不必说那地名中的典故、各景点的部分久远文化蕴藏,就连那扬剧、扬州评话,还有扬州的乡音也从人们的生活中逐渐淡去,收看扬剧、扬州评话却成为镇江人、上海人不可或缺的生活方式,其日常生活的一部分。了解这些知识文化可用它们的内涵丰富我们的知识,用典故中的真理升华我们的思想,让我们更好地认识我们的家乡,护住它们给我们乃至后人留下的一份家乡神韵;埋下内心中的感动自豪,并用它们反映扬州的文化价值和文化人物,在生活中将传承历史文化与创新城市文化有机结合起来。

7. 绿色扬州

2011年扬州荣获森林城市的桂冠,市区绿化面积与日俱增。它们在烈日下给我们送凉爽,在劲风中做依靠,有了它们,绿杨城郭迅速扮靓,空气分外清新,幸福扬州分外幸福,如图3-6-10所示。在植树造林时,可建议植一些代表城市魂的树,如南京街头的梧桐,上海街头那挺拔的香樟。本人觉得扬州的街头可栽银杏,一来银杏树冠大,树影面积大,遮阳效果好,白果有经济价值;二来,扬州历来有种植银杏的传统,市内在文昌路上就有晋代与唐代的银杏;三来,银杏生命顽强,即便有时遇难,但它们多数会存活下来重新焕发生机。如那唐代银杏,在雷劈后南北开裂却存活下来,至今枝繁叶茂。它们历史久远,有活化石之称。这些特性不正是扬州城在漫漫历史长河中屡兴屡败、屡败屡兴,在一次次磨难中涅槃重生,完成自我升华的写照吗?这不屈的一面不正是扬州人性格中坚强的可贵精神的写照吗?

图 3-6-10

四、研究体会

这次研究使我更好地了解了扬州,认识了扬州。我认为扬州对古文化的开发保护势在必行,只要我们齐心协力,就可以使家乡变得更加美丽雅致,更加繁荣昌盛。我们在活动中也能丰富自身知识,锻炼个人能力,升华个人思想。

成果七　扬州鸟类变化与生态环境关系的调查思考

扬州中学教育集团树人学校学生　赵睿哲

指导老师　方松飞

说明:该成果荣获中国少年科学院"小院士"课题研究成果一等奖、江苏省青少年科技创新大赛二等奖,赵同学当选为中国少年科学院"小院士",如图3-7-1所示。

图3-7-1

我从小就喜欢小鸟,"小鸟依人"等成语经常在我的耳边回响。当被人们亲切地称为"扬州鸟叔"的蒋永庆老师受树人学校的邀请,带着他耗时多年编制完成的《扬州湿地百鸟风情》画册及其拍摄成果的戗牌,在九龙湖校区多功能厅开设《鸟类与扬州生态》的专题讲座时,我迫不及待地去聆听了他的讲座,并且久久不能忘怀。鸟叔生动有趣地讲述了自己如何与鸟结缘、如何爱上鸟、如何拍鸟和护鸟的故事,不仅开拓了我的视野,也让我为扬州日益向好的生态环境感到高兴和自豪。会后,蒋老师还与我校爱鸟护卫队的同学们进行了进一步的交流。树人少科院在当天就成立了"鸟类与扬州生态"课题组,我也荣幸地成了该课题组的成员,如图3-7-2所示。其中的图A和图B为"鸟叔"在多功能厅为我们做专题讲座时的照片,图C是课题组成员与"鸟叔"的合影,图D是我和部分课题组成员在采访"鸟叔"时的照片,图E是"鸟叔"的《扬州湿地百鸟风情》画册封面。

图 3-7-2

那么鸟类变化与生态环境之间有何关系呢？这就是我要研究的课题。

一、扬州的鸟类变化

1. 收集变化数据

我从《扬州晚报》的相关报道中收集到下列有关扬州鸟类变化的数据。

20世纪50年代至70年代后期，扬州大学对扬州境内的鸟类资源做了一次初步调查，共记录到鸟类15目38科139种。20世纪80年代至90年代，高邮市农委以及扬州民间观鸟人士晏安厚等人对扬州鸟类进行了进一步调查。到2003年为止，鸟类的种数记录增加到148种。

《扬州晚报》还分别于2011年7月3日、2012年7月25日、2013年12月17日、2014年12月6日、2015年10月29日和2016年11月9日报道扬州鸟类的种数分别增加到167、181、187、200、217和250种。

为了增加可信度，《扬州晚报》还分别刊发了鸟友静远拍摄到的成为扬州鸟家族中的第248、249和250个成员的"青脚滨鹬、琵嘴鸭和针尾鸭"，以及鸟友梅广德拍摄到的成为扬州鸟家族第217个成员的国家一级保护动物"黑鹳"，如图3-7-3所示。

图 3-7-3

2. 制成表格图像（如表3-7-1和图3-7-4所示）

表3-7-1

年份	鸟种数
1980	139
2003	148
2011	167
2012	181
2013	187
2014	200
2015	217
2016	250

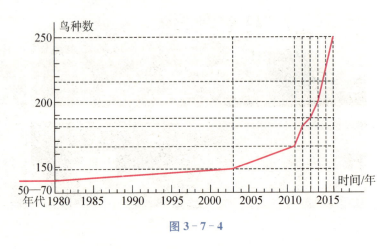

图3-7-4

3. 新增鸟类统计

由表3-7-1中的数据可知，2003年至2016年中，扬州鸟的种数增加了102种，其中的黑鹳是国家一级保护动物，白琵鹭、黑脸琵鹭、小鸦鹃、松雀鹰、游隼、燕隼、阿穆尔隼、黑耳鸢、鹊鹞、白腹鹞、东方角鸮、鹗等是国家二级保护动物种，如表3-7-2所示。

表3-7-2

序号	鸟名	序号	鸟名	序号	鸟名	序号	鸟名
1	黑鹳	15	金斑	29	长趾滨鹬	43	栗苇鳽
2	小鸦鹃	16	灰斑	30	彩鹬	44	罗纹鸭
3	黑耳鸢	17	灰头麦鸡	31	白额燕鸥	45	翘鼻麻鸭
4	松雀鹰	18	凤头麦鸡	32	须浮鸥	46	白秋沙鸭
5	阿穆尔隼	19	泽鹬	33	普通燕鸥	47	普通秋沙鸭
6	燕隼	20	青脚鹬	34	黑嘴鸥	48	普通鸬鹚
7	游隼	21	矶鹬	35	黄脚银鸥	49	红胸田鸡
8	东方角鸮	22	鹤鹬	36	鸥嘴噪鸥	50	红脚苦恶鸟
9	鹊鹞	23	黑翅长脚鹬	37	织女银鸥	51	红翅凤头鹃
10	白腹鹞	24	黑尾塍鹬	38	蒙古银鸥	52	噪鹃
11	鹗	25	弯嘴滨鹬	39	渔鸥	53	斑姬啄木鸟
12	白琵鹭	26	青脚滨鹬	40	斑鱼狗	54	斑文鸟
13	黑脸琵鹭	27	红颈滨鹬	41	凤头䴙䴘	55	白腰文鸟
14	环颈	28	尖尾滨鹬	42	草鹭	56	白腰雨燕

续表

序号	鸟 名	序号	鸟 名	序号	鸟 名	序号	鸟 名
57	理氏鹨	69	红喉歌鸲	81	灰纹	93	黑领椋鸟
58	红喉鹨	70	栗耳凤鹛	82	鸟	94	红头长尾雀
59	水鹨	71	极北柳莺	83	褐头鹪莺	95	黄腹山雀
60	黄腹鹨	72	冠纹柳莺	84	橙头地鸫	96	黄雀
61	黄鹡鸰	73	棕扇尾莺	85	白眉鸫	97	苇
62	小灰山椒鸟	74	强脚树莺	86	白腹鸫	98	田
63	黑短脚鹎	75	黑眉苇莺	87	乌灰鸫	99	戴菊鸟
64	小太平鸟	76	冕柳莺	88	红尾鸫	100	普通燕
65	红嘴相思鸟	77	远东树莺	89	紫啸鸫	101	琵嘴鸭
66	震旦鸦雀	78	黄眉姬	90	秃鼻乌鸦	102	针尾鸭
67	鹊鸲	79	鸲姬	91	红嘴蓝鹊		
68	红尾水鸲	80	红喉姬	92	灰树鹊		

4. 鸟类迁徙特点

鸟是一类适应在空中飞行的高等脊椎动物,是所有脊椎动物中外形最美丽、声音最悦耳,深受人们喜爱的一种动物。因为它能在空中飞行,所以其就具有沿季节迁移的特性。什么时候迁徙?朝什么方向迁徙?迁徙到哪里去?其关键在于选择其适合生存的环境。

很多鸟夏天的时候在纬度较高的温带地区繁殖,冬天的时候则在纬度较低的热带地区过冬。夏末秋初的时候这些鸟类由繁殖地往南迁徙到度冬地,而在春天的时候由度冬地北返回到繁殖地。这些随着季节变化而南北迁移的鸟类称为候鸟,安家落户的鸟类称为留鸟。

扬州位于东亚候鸟迁飞的重点区域,是东亚候鸟南北向迁飞线和东西向迁飞线的交会点。正因如此,扬州就成为许多候鸟补充食物和休息的"驿站"。扬州的候鸟分为冬候鸟、夏候鸟和过境候鸟。冬候鸟是在扬州过冬,春天飞到北方的候鸟;过境候鸟只是把扬州作为中途驿站,在扬州做短暂休整,再飞往北方;夏候鸟冬天飞到广东、东南亚等更暖和的地方过冬,春天再飞回扬州度夏。在扬州的夏候鸟,有一个最为重要的任务,就是生儿育女。它们一到扬州,就开始筑巢,用作孵化育雏的场所。而冬候鸟选择越冬地最重要的两个标准是食物和气候条件,而扬州在食物上有着天然的优势。

随着扬州生态的改善及受气候因素的影响,有不少候鸟就在扬州"安家落户",也就变成了留鸟。扬州的留鸟与候鸟比例几乎达到1∶1。

二、扬州的地域特色

扬州是一座因水而兴的城市，水鸟家族就成了扬州鸟类的一个庞大家族。所谓水鸟，就是生活栖息离不开水环境的鸟儿，如人们常见的白鹭，它们常在沼泽地、湖泊、潮湿的森林和其他湿地环境生活栖息。扬州的水鸟就有 90 多种，包括鹭、雁、鸭、鹬、鸥等，大部分成了扬州的留鸟。水鸟也是鸟友们喜欢的观鸟对象，它们常常大群相聚，如白鹭、池鹭、夜鹭、各种鹬鸟、红嘴鸥、须浮鸥、各种鸭子、白天鹅等都常常可见大群。尤其是在扬州那风光秀丽的七河八岛和大明寺，经常看到那万鸟归林和千鸟竞飞的壮观景象，如图 3-7-5 所示。

图 3-7-5

1. "鸟叔"摄影作品

央视记者来扬采访了扬州"鸟叔"，赞扬他以独特视角反映了扬州生态环境持续向好的变化，如图 3-7-6 所示。蒋永庆师傅被人们亲切地称为"鸟叔"，他蹲守在瘦西湖、古运河、明月湖、郊区乡镇……用镜头对准这些会飞的城市客人，抓拍了数万张鸟儿"写生照"，记录了扬州鸟类的大部分种类，尤其是许多在扬州市区首次发现的鸟种，如图 3-7-7 所示。

图 3-7-6

第三章 成果展示

图 3-7-7

2. 人鸟和谐相处

人是应该与自然和谐相处的,扬州人的"与鸟为友"就是与自然和谐相处的例证。在生态文明越来越受关注的当下,鸟类也越来越受到人们的关注,拍鸟、观鸟、爱鸟、护鸟已经成为一种文明时尚的户外活动。2016年11月8日上午,扬州首个以摄鸟、观鸟、爱鸟和护鸟为目的的协会——扬州绿杨鸟类摄影艺术中心

图 3-7-8

145

举行了简短而热烈的启动仪式,如图3-7-8所示。它填补了我市民间团体关注生态环境、拍摄野生动物这一门类上的空白,在发展扬州野生鸟类摄影艺术、开展野生动物保护方面具有一定的历史意义。协会鸟友积极宣传鸟类知识,配合相关部门大力开展鸟类科普教育及宣传,共计举办讲座7次,为扬州市科技馆撰写了鸟类知识资料库,并提供了大量鸟类图片,供游客参观学习。协会鸟友还是爱鸟护鸟的志愿者,两年来组织开展了一系列保护鸟类的活动,共举报拆除捕鸟网十来处,最长的一处位于邵伯湖湖滩,共有上千米。中心的鸟友还救助了国家二级保护动物黑耳鸢1只、东方角鸮3只、小天鹅2只,解救了300多只被网捕鸟类。

3. 校园筑巢引鸟

我校少科院"鸟类与扬州生态"课题组的部分学生也荣幸地参加了该项活动,并在树人学校九龙湖校区独特的风景区——"毓园"的树上配置了许多鸟笼,为扬州鸟筑巢。这也使毓园成为扬州鸟喜欢光顾的地方,我们也喜欢拿起照相机记录下精彩的一瞬。如图3-7-9所示。

图3-7-9

我还和课题组的同学开展了识鸟、研鸟活动。我了解到,3月底,经过在扬州一个冬天的"度假",冬候鸟纷纷启程"回家"。4月底,大批夏候鸟来到扬州筑巢繁殖,其中最有代表性的就是白鹭、夜鹭等。瘦西湖风景区:白鹭与八哥、白头鹎是该地区优势鸟种。大明寺:拥有喜鹊、乌鸦、红嘴相思鸟等鸟类。蜀冈西峰生态公园:有成群的珠颈斑鸠、灰喜鹊等。茱萸湾风景区:有大山雀、黑脸噪鹛、灰喜鹊等。凤凰岛生态旅游区:聚凤岛上有成群的白鹭、牛背鹭等。其他观鸟胜地分别为:荷花池公园、扬州大学校园、江都渌洋湖、高邮界首芦苇荡。10月底,夏候鸟"拖家带口"回南方"过年",一场夏候鸟界的"春运"由此拉开序幕。11月底,冬候鸟再次来扬,它们将在这里度过一个悠长的假期。

4. 扬州人爱鸟史

扬州人爱鸟的历史,唐代以前无法考证,宋时方有记载。最早有记载的扬州人笼养的鸟类是八哥,古人叫鸲鹆,关于扬州人笼养八哥之事,最早见于宋人徐铉的"广陵有少年,畜一鸲鹆,甚爱之"。扬州爱鸟风俗最盛行的时代是清代,"扬州画舫录"有记载:"每晨多城中笼养之徒,携白翎雀于堤上学黄鹂声。"如图3-7-10所示。

图 3-7-10

扬州鸟笼制作的能工巧匠较多,最有名望的要数高家,自乾隆年间从山东济南迁至扬州至今,已有八代。68岁的王玉生是高家的传人,40多年来,他专注于一件事——制作和复原宫廷鸟笼。历经20年的钻研与制作,16只原本早已消失的宫廷鸟笼,被他一一复原,如图3-7-11所示。其中的象牙雀笼,在几年前的杭州西泠秋季拍卖会上,被国家博物馆收购珍藏,王玉生也成为国内第一个拥有这一殊荣的雀笼工艺大师。而由他作为传承人的扬州雀笼制作技艺,也成为扬州的非遗项目,他还要将传统技艺传授给更多年轻人。

图 3-7-11

三、扬州的优美生态

扬州市和江苏省最近分别召开的党代会都将"高起点规划建设江淮生态大走廊,树立保护自然的观念,全力推进生态文明建设"写进了报告中。那么扬州的生态建设究竟如何呢,我开始了调查研究。

1. 生态城市荣誉

2011年,扬州生态环境状况江苏省排名第一,扬州环境优美度竞争力位于全国第四,扬州市居民幸福感竞争力位于全国第三。

2013年水利部确定扬州为"全国水生态文明建设试点城市"。习近平总书记在全国"两会"上参加江苏代表团审议和在江苏调研考察时,多次提到扬州生态文明建设和瘦西湖水环境整治,这是对扬州特别的厚爱。

2015年,中国社会科学院发布的《2014城市竞争力蓝皮书》显示,扬州城市生态竞争力排名全国第6位,居江苏省首位。

2016年中国十佳投资环境城市排行榜,扬州以88.41高分列第3位,仅次于南通和兰州。在公布的30家2016年中国最具幸福感城市排行榜中,扬州以78.46的得分位列第17位。扬州已连续多年进入该榜单,排名逐年上升,2012年第43位、2015年第22位。

生态扬州,像一枚鲜亮闪耀的勋章,挂在千年古城胸前。今天的扬州,天更蓝,水更清,地更绿,城更美,人更文明,如图3-7-12所示。扬州先后荣获国家生态市、国家园林城市、联合国人居奖、国家森林城市、全国文明城市等一系列称号,如今正在全力创建国家生态园林城市。

图3-7-12

2. 五年来的变化

五年以来,市区每年新增城区绿地 100 多万平方米。2014 年底,建成区绿化覆盖率为 43.61%,绿地率为 41.27%,城市人均公园绿地面积达 18.01 平方米。初步形成"林城一体、林水结合、林文相融"的独具平原水乡特色的城市森林生态体系、高效优质的林业产业体系和繁荣文明的林业文化体系。到过扬州的人,都能强烈感受到绿色扬州的精致、秀美。

扬州的"生态底色",荡漾在主城区"清水活水"全覆盖的碧波里。"黑臭河"被称为城市的"癌症"。2013 年,我市对城区 8 条"黑臭河"向市民公开承诺挂牌督办整治。2014 年,推进"清水活水"工程是市委、市政府对人民群众的庄严承诺。经过两年努力,这个扬州改革开放以来市本级一次性投入最多、范围最广、惠及人数最多的单项重大基础工程和民生工程取得决定性成果。随着扬州市黄金坝闸、平山堂取水泵站的投入使用,在扬州建城 2 500 周年城庆日当天,"九闸同开、活水润城"——主城区活水工程正式竣工启用,古运河以西主城区 90 平方公里范围内,全长 140 公里的 35 条河流实现了活水全覆盖,沿线百万市民切实感受到治水工程带来的实实在在的成效。

3. 展望新的五年

扬州在"十三五"期间,将倾力建设江淮生态大走廊项目,打造和展现"江淮三百里生态风光图"和"百里大江风光带";将为市民提供更好生态福利,为后代积累更多生态财富。江淮生态大走廊北至扬州市界;西至苏皖省界、高邮湖、邵伯湖重要湿地西边界、京杭大运河西岸 1 公里;东边界为京杭大运河、高水河、芒稻河、夹江东岸 1 公里以及新通扬运河、三阳河及潼河两岸 1 公里;南至长江;总面积 1780 平方公里。

江淮生态大走廊分为"五大板块""七大亮点"。"五大板块"即宝应湖自然保护区、高邮湖国家重要湿地、邵伯湖重要湿地、"七河八岛"区域、长江大江风光带。"七大亮点"有宝应湖国家湿地公园、界首芦苇荡湿地公园、清水潭生态中心、"七河八岛"生态中心、江都"三河六岸"景观带、广陵夹江生态中心及夹江漫步生态廊道、三湾湿地生态中心。

四、小鸟为扬州点赞

从扬州鸟的种数随年份变化的函数图像中也不难看出,扬州鸟的种数在 20 世纪变化不大,进入了 21 世纪后迅速增加,尤其是 2011 年,它是扬州鸟的种数突变的转折年,2016 年是扬州鸟的种数增幅最大的一年。

可巧的是,2011 年正是"扬州生态环境状况江苏省排名第一、扬州环境优美度竞争力位于全国第四、扬州市居民幸福感竞争力位于全国第三"的一年。2016 年是扬州绿杨鸟类摄影艺术中心成立的一年。这不是巧合，而是必然，它说明扬州鸟的种数增加量与生态环境状况和人鸟和谐相处都是密切相关的。

扬州优美的生态环境和扬州人爱鸟的人文环境为筑巢引鸟提供了环境基础，而扬州鸟类种数的快速增加，反映的是扬州生态环境也在快速优化，这就是扬州人与自然的和谐。

成果八　高邮双黄蛋的社会调查——"天上红太阳，人间鸭双黄"

扬州中学教育集团树人学校学生　徐思涵　张轩绮

指导老师　方松飞

说明：该成果荣获中国少年科学院"小院士"课题研究成果一等奖、江苏省青少年科技创新大赛二等奖，徐思涵被聘为中国少年科学院小院士，如图3-8-1所示。

图3-8-1

摘要：通过参观双黄蛋产地——高邮红太阳集团的中国鸭文化博物馆、双黄蛋生产车间，并调查访问当地鸭民，对高邮双黄蛋、麻鸭、鸭文化有了深刻的认识。品尝到了蛋黄如血、蛋白如雪、有"蛋中之王"美称的高邮双黄蛋。知道了为什么只有高邮才能生产出如此大的双黄蛋：有体质壮、适应性强、潜水深、善觅活食的高邮麻鸭；而河沟港汊、湖泊荡滩、无处不在的优质水面资源，是高邮鸭天然的饲养场；水面浮游的、水下栖身的各种小动物，为高邮麻鸭提供了最可口的"活食"。这才有了高邮鸭与北京鸭、绍兴鸭一起成为全国三大名鸭，而且在标准化生产方面高邮鸭已经捷足先登、领先一步,跻身"国保"行列。

关键词：高邮，双黄蛋，麻鸭，鸭文化

2013年12月22日，我们来到生产双黄蛋的产地——高邮，参观了红太阳集团的中国鸭文化博物馆（国家一级农业博物馆之一）、双黄蛋生产车间，并调查访问了当地"鸭民"，如图3-8-2所示。

图3-8-2

一、调查过程

首先，我们进入了鸭文化博物馆的雕像厅，欣赏了许多关于古代劳动人民放鸭及赶鸭的图画，也看到了许多古代及现代专门培育高邮双黄蛋的名人雕塑，如图3-8-3所示。

图3-8-3

接着，我们来到了制作双黄蛋工艺品的场馆内，欣赏了许多经过加工双黄蛋得到的精致蛋壳工艺品，其中的一个作品来自高邮一位手工艺制作大师，他在蛋壳上用特制工具钻出了2 500个小孔，且大小相等，每个小孔之间长度相同，打破了吉尼斯世界纪录，如图3-8-4所示。

鸭文化博物馆里陈列着众多艺术家雕刻出来的"金鸭""银鸭"工艺品，这使我想到去过一个私人的农庄，看到了许多刚孵出来的小鸭，但在鸭文化博物馆里，这些鸭子工艺品让人产生一种特殊的感觉，让人体会到中华民族文化的博大精深，了解到高邮双

黄蛋产业及麻鸭产业荣获的各项荣誉,让人们惊叹这么细小、脆弱的东西,都有它存在的价值,都有它独有的魅力。

后来,我们去了双黄蛋加工厂以及双黄蛋加工车间进行调查研究,了解到制作双黄蛋的过程以及麻鸭能孵出两个黄的原因,还了解到了双黄蛋及其他一些蛋的生长成熟过程。制作鸭蛋的过程:鸭孵出蛋,然后将蛋腌制30～40天;将腌制好的鸭蛋清洗加工1～2个小时;将清洗好的鸭蛋烹煮1～2个小时,

图3-8-4

确保鸭蛋火候正好;将煮好的鸭蛋装进袋中,并抽去真空;最后将抽去真空的鸭蛋进行进一步包装,变成礼盒等美观的礼品,如图3-8-5所示。在向双黄蛋生产车间的工作人员询问的过程中,我们了解到高邮麻鸭之所以能生产出较多的双黄蛋,是因为大多数麻鸭有着较为强壮的体质,并且麻鸭的进食比其他别的鸭子多,比别的鸭子吃得丰富,所以更有精力孵化鸭蛋。在此期间,我们还了解到,麻鸭生产双黄蛋,一般产蛋的初期会有更多的双黄蛋,因为麻鸭第一次产蛋会产出优良的品种,可到了第二次、第三次就说不定了。

图3-8-5

最后,我们了解到一些关于养殖鸭的方法,有古代的填鸭法、牛粪发酵孵鸭法以及近代的炕孵法。还知道了鸭汤可以养生的知识。最让我们惊叹的是,古代人居然还能用斗鸭作为娱乐活动。然而,现在的人则用"填鸭式、赶鸭式、烤鸭式、板鸭式"4种教育方式来讽刺有些家长对于孩子不妥的教育方法。

二、调查有感

通过这次调查和研究,我们对双黄蛋及麻鸭有了更深一步的认识,也扩充了关于鸭其他方面的知识。下面是我们小组对这次调查做出的结论分析:

1. 高邮双黄蛋

一蛋双黄，蛋白如玉，蛋黄似玛瑙，红白相间，珠联璧合，实为人间之珍品、食用之精品、国家之瑰宝，如图3-8-6所示。其大如鹅蛋，一个双黄蛋超过120克。高邮双黄蛋的蛋壳比鹅蛋质细，有的在蛋的中部还有一道凸起的圆圈。双黄蛋有"蛋中之王"之美称，且含有丰富的有益于人体健康的锌、锗、硒、钙等微量元素。其蛋质可用蛋白"鲜、细、嫩"、蛋黄"红、沙、油"概括。双黄蛋是由于两个卵细胞同时成熟并一起脱离滤泡被纳入输卵管，在输卵管各部依次被蛋白、壳膜和蛋壳等物质包裹而形成的，甚至有时还会多个卵细胞同时成熟并一起纳入输卵管，而成为多黄蛋。

图3-8-6

高邮双黄蛋在900多年以前就已闻名遐迩。北宋著名词人秦少游就曾以鸭蛋馈赠其师友——时任徐州太守的苏东坡。清光绪三十一年(1905)，高邮第一家蛋品企业裕源蛋厂问世。1909年高邮双黄鸭蛋参加南洋劝业会陈赛，获得国际名产声誉，次年便远销美国、日本、新加坡、马来西亚等10多个国家和地区。

2. 高邮麻鸭

高邮之所以有双黄蛋，是因为当地有中国三大名鸭之一的高邮麻鸭，如图3-8-7所示，由于其雌性羽毛类似麻雀而称麻鸭。它具有体质壮，适应性强，潜水深，善觅活食，蛋、肉兼用，含脂肪量低的特点。可以将它制成盐水鸭、桂花鸭、琵琶鸭、香酥鸭、卤水鸭，风味各异。尤以"老鸭汤"最受欢迎，其性凉，配以参芪等中药材，为冬令男性滋补佳品，因而成为席间保留传统佳肴。高邮养鸭的历史至少有千年，高邮鸭是高邮地区广大劳动人

图3-8-7

民长期选育的结晶，双黄更是人间稀世珍品。麻鸭之所以能孵化出较多的双黄蛋，是因为大多数麻鸭有着较为强壮的体质，并且麻鸭的进食比其他别的鸭子多，比别的鸭子吃得丰富，所以更有精力孵化鸭蛋。麻鸭生产双黄蛋，一般产蛋的初期会有更多的双黄蛋，因为麻鸭第一次产蛋会产出优良的品种，可到了第二次、第三次就说不定了。

3. 高邮湖水

高邮地处里下河地区，境内湖荡连片，沟渠纵横，水生动植物资源丰富，是鸭类家禽生长、繁殖的天然场所。产双黄鸭蛋的麻鸭纯天然饲养，放养于高邮湖中，吃湖底的水草和贝类长大。高邮水，不仅美丽，也很富饶。其水域宽阔，水质良好，为各种鱼类、

鸟类和水生植物的生长提供了得天独厚的生态环境。盛产青、白、黑、鳊、鲤、鳗等鱼类，尤以青河虾、银鱼、螃蟹更为闻名遐迩；水生植物有芡实、菱角、荷藕、莼菜等；湖面上水岛有鸥、鹭、鹤以及野鸭等常出没于芦荡。秀美的高邮湖不愧为鱼族的世界、鸟类的天堂、水生植物的博物馆。高邮湖是江苏省第三大淡水湖，总面积780平方公里。蒲松龄诗中描写其"苍茫云水三千里"，放眼望去，湖面上烟波浩渺，天连水，水连天。秋日里，在夕阳的映照下，天边的风帆、水面的野鸭、空中的飞鸟，以及岸边的芦花组成一幅幅秀丽的风景画，让你如痴如醉，久久舍不得离去，如图3-8-8所示。

图3-8-8

4. 高邮鸭文化

高邮人不仅培育了高邮鸭和双黄蛋这一世间精品，而且创造了丰富的鸭文化。20世纪50年代，高邮民歌手夏国珍一曲高邮民歌《数鸭蛋》，以其诙谐、轻快的旋律，浓郁的乡土气息而声震京都，得到周恩来总理的赞誉。高邮鸭是高邮人的名片。"天上红太阳，人间鸭双黄，未识高邮人，先知高邮鸭。"高邮鸭是我国三大名鸭之一，与北京鸭、绍兴鸭齐名。高邮鸭生产的双黄蛋，其蛋黄如血，蛋白如雪，有"蛋中之王"的美称。高邮双黄鸭蛋是宣传和推介高邮的一张独特名片。高邮人创办了中国鸭文化博物馆，成功地举办了六届中国双黄鸭蛋节，举办了高邮麻鸭王、鸭蛋王评比活动（如图3-8-9所示）。研究制定了高邮麻鸭王、高邮双黄鸭蛋王、高邮鸭蛋王、高邮咸蛋王的评比标准，在重量、外观形态、组织结构、色泽滋味等都做出明确规定。高邮鸭集团将在高邮鸭育种、基地发展、产品深加工、品牌创建、市场开拓等方面进一步提升，力争通过几年的努力，使高邮鸭蛋肉制品走出国门，让高邮的"红太阳"照亮世界。

图3-8-9

自评记录表

姓名

章节	自评等级	每节自评关键词	每章自评小结
第一章			
第一节			
第二节			
第三节			
第四节			
第五节			
第六节			
第二章			
第一节			
第二节			
第三节			
第四节			